OLDENBURG

MARCO SAGURNA/JÖRGEN WELP

mitteldeutscher verlag

Der Oldenburger Schloßplatz nach der Neugestaltung

TOP-TIPPS

AUGUSTEUM

Eines der ältesten öffentlichen Galeriegebäude in Deutschland. Das Augusteum gehört heute zum Landesmuseum für Kunst und Kulturgeschichte Oldenburg und beherbergt die Sammlung Alte Meister. S. 81

LANDESMUSEUM NATUR UND MENSCH

In einer modernen Ausstellungsarchitektur wird durch die gemeinsame Präsentation naturkundlicher und archäologischer Exponate der Natur- und der Kulturraum des Oldenburger Landes in besonderer Weise erlebbar. S. 83

ST.-LAMBERTI-KIRCHE

Die historische Hauptkirche Oldenburgs beherrscht mit ihren fünf Türmen das Stadtbild. Ihre Baugeschichte und der Gegensatz zwischen Außenbau und Innenraum machen die Kirche zu einem ganz besonderen Ort. S. 30

SCHLOSSGARTEN

Als Oase inmitten der Stadt Oldenburg lädt der historische Schlossgarten zur Erholung ein. Der englische Garten des 19. Jh.s lässt leicht vergessen, dass er von städtischem Treiben umgeben ist. S. 54

LEFFERSECK

Am Lefferseck stoßen Lange Straße und Achternstraße wieder aufeinander, nachdem sie am Markt ihren Ausgang genommen haben. Hier trifft man sich und bummelt durch die Fußgängerzone mit ihren netten Geschäften. S. 44

ENTDECKER-TIPPS

GERTRUDENFRIEDHOF

Als einzigartiges Ensemble aus historischen Grabdenkmälern und Grabkellern, der mittelalterlichen Gertrudenkapelle und dem herzoglichen Mausoleum gehört der Gertrudenfriedhof zu den schönsten Orten der Stadt. S. 71

STADTMUSEUM OLDENBURG

Wer mehr über die Stadtgeschichte Oldenburgs erfahren will, ist in den drei Villen des Stadtmuseums genau richtig. Außerdem gibt es hier spannende Einblicke in die großbürgerliche Wohn- und Sammelkultur um 1900. S. 71

DOBBENVIERTEL

Das vornehmste Wohnviertel Oldenburgs lädt mit seiner gründerzeitlichen Bebauung zu Spaziergängen rund um den Cäcilienplatz ein. Hier begegnet man auch dem als „Oldenburger Hundehütte" bekannten Haustyp. S. 54

EDITH-RUSS-HAUS FÜR MEDIENKUNST

Das auf eine Stiftung der Oldenburger Lehrerin Edith Ruß (1919–1993) zurückgehende und nach ihr benannte Haus für Medienkunst ist eine sehr besondere, wenn nicht gar in Deutschland einzigartige Kunstadresse. S. 61

WALLSTRASSE

In Oldenburg ist gut Ausgehen, besonders in der Wallstraße. Die vielen Restaurants der Stadt können internationale wie regionale Küche, in den Cafés verlocken köstliche Überraschungen und in den Kneipen ist gut Absacken. S. 46

WILLKOMMEN IN OLDENBURG

Ja, die Menschen hier haben zu ihrer Stadt ein sehr persönliches, ein zärtliches Verhältnis. Und sie lieben Oldenburg, so wie es ist. Wenn hier Veränderungen gegenüber also eine gewisse Dickköpfigkeit gepflegt wird, ist das gar nicht böse gemeint. Dass Neuerungen eher misstrauisch beäugt werden, liegt am vorhandenen Lebensglück. Das Zuhause ist weitgehend unbeeinträchtigt; Kultur, Unterhaltung und Sport gibt es satt, blühende Bildungslandschaften sowie einen recht abwechslungsreichen Arbeitsmarkt. Wie sollte es da noch schöner, noch behaglicher, noch besser werden? Alle Jahre wieder bestätigen Umfragen: Die Menschen in Oldenburg gehören in Deutschland zu denen, die sich an ihrem Wohnort am wohlsten fühlen.

Was ist so besonders hier? Was ist anders? Um unsere Eindrücke zu ergänzen, haben wir herumgefragt und viele Antworten bekommen: „Urbanität trifft auf Naturerlebnis: Morgens bummeln, mittags klönen auf dem Wochenmarkt – und schon eine halbe Stunde später kann man mit dem

Rad auf der Woldlinie üppige Rhododendren bewundern, während auf den Weiden am Weg die Pferde grasen und das neue Kälbchen der West-Highland-Herde seinen ersten Frühling genießt."

Wer mal keine Menschen und Häuser um sich haben will, ist also schnell im Grünen. Aber auch in der Stadt hält man es gut aus: „Was meine Freunde von auswärts an Oldenburg so nett finden, sind die vielen kleinen Läden mit individuellem Sortiment und das Ambiente. In den Innenstadtlagen der Großstädte gibt es so etwas kaum mehr."

Nur sehr wenige Bomben fielen hier im Zweiten Weltkrieg, sodass man von recht viel historischer Bausubstanz umgeben lebt; in gewachsenen Strukturen, die sehr vorsichtig durch moderne Architektur kontrastiert werden. Bei aller Wertschätzung für die Substanz wird sensibler Wandel begrüßt, denn er schafft ein kreatives Klima und belebt: „Oldenburg ist eine zunehmend prosperierende Stadt, die bei aller Übersichtlichkeit wächst und sich entwickelt!"

Die Mischung macht den Zauber: „Oldenburg ist klein und groß

Oldenburger Gastlichkeit

und alles zwischendrin, ein bisschen übermorgig, ein bisschen vorgestrig, ein bisschen urban, ein bisschen ländlich. Das zusammen ergibt ein schönes Rosinenpicker-Szenario, man kann sich etwas heraussuchen und munter kombinieren." Das zieht junge Menschen an zum Studieren oder der Arbeit wegen. Familien siedeln über, ebenso wie lebenslustige Pensionäre. Und viele kommen auf Stadtbesuch. Kombinieren also auch Sie nach Ihren Wünschen, suchen Sie sich Ihre Rosinen heraus – auch aus dem, was wir in diesem Reiseführer zusammengetragen haben. Und falls Sie noch nie hier waren: Sollten Sie auf Ihren Erkundungen Ihr Auto benutzen: Achtung, Obacht, sachte, sachte! Egal bei welchem Wetter, die ganze Stadt fährt Rad. Überall und forsch. Und für Autos hält sie viele Parkplätze bereit. Auch überall. Nutzen Sie die, steigen Sie aus und genießen Sie. Herzlich willkommen!

VERANSTALTUNGS-KALENDER

JANUAR/FEBRUAR

Kabarett-Tage Von Mitte Januar bis Mitte Februar gastieren die Größen des politischen Kabaretts. www.kultur-nord.de

FEBRUAR/MÄRZ

Classic meets Pop Riesen-Show mit Künstlern, Rock-Bands, Chor und dem Orchester des Staatstheaters Oldenburg. www.classic-meets-pop.de/oldenburg

Voices Könner der Stimme bringen auf diesem Festival A cappella, Chanson, Hip-Hop, World Music, Jazz oder Literarisches. www.kulturetage.de

MÄRZ

Oldenburger Gartentage Die Weser-Ems-Halle ist Magnet für Gartenfreunde. www.weser-ems-halle.de

Auf dem Kramermarkt geht's rund

APRIL

Internationale Tanztage Oldenburg Alle zwei Jahre kommen Ensembles von internationaler Klasse ans Staatstheater. www.staatstheater.de/tanztage

MAI

Oldenburg kocht Top-Restaurants der Region präsentieren kulinarische Klasse. Auf dem Schloßplatz wird geschmaust, getrunken, geklönt. www.oldenburg-kocht.de

Oldenburger Classic Days Oldtimer zum Verlieben. www.oldenburger-classic-days.de

Oldenburg Stadtgärten Mitte Mai bis August gestalten Landschaftsgärtner Themengärten in der Fußgängerzone.

Nikolaimarkt Oldenburg Am Pfingstwochenende bietet dieser Markt hochwertigstes Kunsthandwerk. www.nikolai-markt.de

JUNI

Oldenburger Promenade Eine Eintrittskarte für drei Konzerte in der Innenstadt. www.oldenburger-promenade.de

JULI

Kultursommer Musik zum Mitschwingen, Theater, Kino, Literatur auf Open-Air-Bühnen, Ausstellungen und Ganztagsveranstaltungen.

AUGUST

Internationale Keramiktage Oldenburg Europäische Spitzenklasse aus Handwerk und Kunst der Keramik. www.werkschule.de/keramiktage

Oldenburger Stadtfest Vom letzten Donnerstag bis Samstag gerät die Stadt an zig Bühnen und zahllosen Ständen außer Rand und Band. www.stadtfest-oldenburg.de

SEPTEMBER

Nacht der Museen Am 2. oder 3. Samstag im Monat. www.nachtdermuseen-oldenburg.de

Weinfest Am 2. Wochenende kommen die Winzer auf den Schloßplatz. Verkostung und Beratung der Gäste stehen im Mittelpunkt. Dazu gibt es Live-Musik und kleine Speisen.

Plattart Ende September bis Oktober wird die niederdeutsche Kultur längs und quer durch die Disziplinen bespielt. www.plattart.de

Kramermarkt Jeder September klingt mit diesem wunderbar klassischen Jahrmarkt aus. Bis in den Oktober hinein ziehen Fahrgeschäfte, Buden und Attraktionen nachmittags die Familien und später das Feiervolk an. www.kramermarkt.info

Oldenburger Pferdetag Am 2. Sonntag geht's rund um das Pferd: Dressur, Ponyreiten, Pferdefußball und mehr. www.reiterverband-oldenburg.de

Internationales Filmfest Oldenburg Fünf Tage lang erstrahlen Glanz und Glamour der Kinowelt. Statt Schlaf gibt's Leinwand total, Dauerparty und Begegnungen mit der Filmszene. www.filmfest-oldenburg.de

OKTOBER

Oldenburg Marathon Der 3. Sonntag gehört den Dauerläufern. www.oldenburg-marathon.de

NOVEMBER

KIBUM Die Oldenburger Kinder- und Jugendbuchmesse ist die größte deutsche Messe ihrer Art. Elf Tage lang gibt's Neuerscheinungen, Lesungen, Vorträge, Workshops, Theater und Film. www.kibum-oldenburg.de

DEZEMBER

Lamberti-Markt Um das Rathaus herum bis hin vor das Schloss verbreitet dieser Weihnachtsmarkt wunderbare Adventsstimmung.

TIPP Aktuelle Details unter www.oldenburg.de und www.oldenburg-tourist.de sowie bei der Tourist-Information (S. 139).

DIE ÜBERMORGENSTADT

Schlau sind sie in Oldenburg. So frisch und zupackend im Umsetzen zukunftsweisender Ideen, dass die Stadt sich für 2009 zusammen mit ihrer jungen, 1973 gegründeten Carl von Ossietzky Universität und ihrer inzwischen zur Jade Hochschule umbenannten Fachhochschule als „Die Übermorgenstadt" um den Titel „Stadt der Wissenschaft" bewirbt. So manche, die Oldenburg vor allem für nett, hübsch und gemütlich halten, finden das etwas zu nassforsch. Aber wer für die heute brandheißen Themen wie Energieforschung, Informationstechnologie und internationale Vernetzung schon zu Zeiten kämpfte, als dergleichen noch belächelt wurde, der darf zu Recht frecher sein als andere und wie im Märchen der Igel zum Hasen sagen: „Ick bün al dor!" („Ich bin schon da!"). Im Übermorgen eben. Kein Zufall also, dass der Stifterverband für die Deutsche Wissenschaft solche Tatkraft belohnt. Oldenburg gewinnt.

So fördert dieser Titel, der nicht die Forschungsleistung, sondern die beispielhafte Fähigkeit zur öffentlichen Vermittlung von Wissenschaft auszeichnet, die ohnehin schon guten Gene der Stadt. Dieses Jahr der Wissenschaften rückt daheim und fernab ins Bewusstsein, was man hier so alles bewegt. Als exzellent ausgezeichnet und gefördert ist die Hörforschung der Universität; kaum ein Hörgerät auf der Welt, in dem nicht Oldenburger Technologie steckt. Max-Planck-Forschergruppen beschäftigen sich mit dem Meer, ForWind, das Uni-Zentrum für Windenergieforschung, verknüpft seine innovativen Kräfte mit Bremen und Hannover; der Energieeinsparung widmen sich angehende Architekten und Bauingenieure an der Jade Hochschule. Die European Medical School der Universitäten Oldenburg und Groningen bietet eine in Europa einzigartige Medizinerausbildung über Ländergrenzen hinweg, qualifizierende Weiterbildung ermöglicht der Lifelong Learning Campus; das An-Institut OFFIS bündelt Informatikkompetenz.

Dass ein menschenfreundliches Übermorgen nicht allein auf technischen Fortschritt gründet, auch dem verleiht man Gewicht: In Oldenburgs Uni entstehen die Gesamtausgaben Carl von Ossietzkys und Kurt Tucholskys; die Karl-Jaspers-Medaille wird hier verliehen,

Jade Hochschule in der ehemaligen Artilleriekaserne

das Hannah Arendt-Zentrum hat das Werk der großen politischen Theoretikerin im Fokus. Und wie sehr es in dieser Stadt um Zukunft geht, darauf weisen auch die hoch angesehenen Studiengänge für angehende Lehrerinnen und Lehrer.

Man kennt sich in Oldenburg, die Wege sind kurz genug für beschleunigten Informationsaustausch. In solcher Atmosphäre gedeihen Ideenschmieden für das unternehmerisch berufliche Leben. Hier unterstützen sowohl die städtische Wirtschaftsförderung, das mehrfach prämierte TGO (Technologie und Gründerzentrum) als auch das GIZ (Gründungs- und Innovationszentrum) der Universität.

Solches Fundament zieht die Menschen an. Oldenburg wächst, hat inzwischen Osnabrück als drittgrößte Stadt in Niedersachsen abgelöst. Schon übermorgen werden hier mehr als 170.000 leben.

DAS KULTURLEBEN

In Oldenburg ist Kultur zu Hause. Wer möchte, kann sie jeden Tag auf unterschiedlichste Weise genießen, so umfangreich ist das Angebot in der Stadt. Einerseits lebt Oldenburg von seinem Erbe als Residenzstadt. Die Oldenburger Herzöge und Großherzöge haben sich gerade auf kulturellem Gebiet stark engagiert, weswegen zahlreiche entsprechende Einrichtungen aus dieser Zeit stammen. Sie bestehen bis heute fort, sind ungebrochen vital und befruchten das Kulturleben der Stadt und ihrer Umgebung. Andererseits sind daneben zahlreiche weitere öffentliche und private Institutionen entstanden, die heute aus Oldenburg nicht mehr wegzudenken sind.

Ein echter Leuchtturm ist das **Oldenburgische Staatstheater** (S. 40) mit seinen sechs Sparten. Das Theater, das über mehrere Spielstätten verfügt, wird weit über die Stadtgrenzen Oldenburgs hinaus hoch geschätzt, genutzt und beachtet. Um bei den Theatern zu bleiben: Oldenburg

verfügt über eine lebendige und vielfältige, kreative freie Theaterszene, die ihresgleichen sucht und ganz unterschiedlichen Interessen gerecht wird.
Gleichwohl gibt es auch Einrichtungen mit soziokulturellem Schwerpunkt, die ebenfalls sehr positiv aufgenommen werden: Konzerte, Theateraufführungen, Lesungen, Vorträge und vieles mehr bieten etwas für jeden Geschmack. Hier ist die **Kulturetage** (S. 135) im Bahnhofsviertel Vorreiter. Daneben haben sich größere und kleinere Treffpunkte etabliert, die verschiedenen Akteuren eine Heimat bieten. Der wichtigste von ihnen ist das **Kulturzentrum PFL** (S. 136), das in städtischer Trägerschaft steht. Unterschiedlichste Gruppen, Vereine und Akteure nutzen das PFL für ihre Zusammenkünfte und Veranstaltungen.
Periodisch finden in Oldenburg Veranstaltungen statt wie der **Oldenburger Kultursommer**, das **Internationale Filmfestival** im September und die **KIBUM** im November, die größte nichtkommerzielle Kinder- und Jugendbuchmesse Deutschlands. Die **Oldenburger Promenade**, ein Musikfestival im Sommer, richtet ein Verein aus.

Das Kulturzentrum PFL

Ein Erbe der Residenzzeit Oldenburgs sind die beiden Landesmuseen, das **Landesmuseum für Kunst und Kulturgeschichte** (S. 133) und das **Landesmuseum Natur und Mensch** (S. 83). Beide Häuser halten ein reiches Repertoire an Exponaten vor. Die städtischen Museen stehen dem in nichts nach: **Stadtmuseum** (S. 71), **Horst-Janssen-Museum** (S. 71) und **Edith-Ruß-Haus für Medienkunst** (S. 61) runden das Museumsangebot spannend ab. Auch die **Landesbibliothek Oldenburg** (S. 69) richtet regelmäßig Ausstellungen in ihren Räumen aus, die sich im wahren Wortsinne sehen lassen können.
Und, und, und … ist man versucht zu sagen, aber das Oldenburger Kulturangebot ist tatsächlich ungewöhnlich reichhaltig und vielfältig für eine Stadt dieser Größe. Und die Oldenburger wie ihre Gäste nehmen es gern in Anspruch.

DER OLDENBURGISCHE KLASSIZISMUS

Der Klassizismus ist ein Kunst- und Architekturstil, der im 18. Jh. als Reaktion auf das schmuckfreudige und verspielte Rokoko entstand. Er entspricht der vernunftbetonten Zeit der Aufklärung. Basierend auf der griechisch-römischen Antike bevorzugt die Architektur des Klassizismus einfache und klare geometrische Grundformen. Antike Architektur-Ornamentik, Säulen und Dreiecksgiebel gehören zum Formenrepertoire.

Herzog Peter Friedrich Ludwig (1755–1829) ließ in den Jahren 1786 bis 1790 das **Mausoleum** auf dem Oldenburger **Gertrudenfriedhof** (S. 71) errichten. Es gilt als Initialbau des oldenburgischen Klassizismus. Der Herzog, der auch persönlich in die Planungen seiner Architekten eingriff, und sein Sohn und Nachfolger Großherzog Paul Friedrich August (1783–1853) favorisierten diesen Baustil, der in Oldenburg bis in die Mitte des 19. Jh.s vorherrschend war.

Neben dem Mausoleum ist der Umbau der **St.-Lamberti-Kirche** (S. 30) das zweite Hauptwerk des

Klassizismus unter Peter Friedrich Ludwig. Weitere Bauten sind das Prinzenpalais am Damm und der Teepavillon im Schlossgarten. Am und im Schloss ließ der Herzog Anbauten errichten und Innenräume klassizistisch gestalten. Auf dem Gertrudenfriedhof entstand die Grabädikula für die Kanzleiräte von Berger und von Finckh.

Paul Friedrich August ließ u. a. das Peter Friedrich Ludwigs Hospital erbauen, die Militärakademie am Pferdemarkt sowie die Schlosswache. Den **Schloßplatz** (S. 27) rahmten im Norden klassizistische Gebäude halbkreisförmig ein. Heute ist noch der westliche Abschnitt davon erhalten.

Zum Programm des klassizistischen Ausbaus Oldenburgs zählt auch die Gestaltung von Straßenführungen und Plätzen: Die auf die heutige Innenstadt zuführenden Straßen weisen einen Knick auf. Dieser sollte den Besuchern Oldenburgs zunächst den Blick auf die Stadt verwehren und dann eine überraschende Aussicht bieten. Der Julius-Mosen-Platz, der Kasinoplatz und der Platz vor der Cäcilienbrücke sind Platzanlagen der Zeit.

Auch Privatleute bauten im Stil des Klassizismus, etwa die Hirschapotheke und Vorstadtvillen in Osternburg und Eversten. Der Gertrudenfriedhof besitzt zahlreiche klassizistische Grabdenkmäler.

Denkmal Herzog Peter Friedrich Ludwig

Für Peter Friedrich Ludwig arbeiteten die Architekten Johann Heinrich Gottlieb Becker, Joseph Bernhard Winck und Heinrich Carl Slevogt. Unter Paul Friedrich August wirkten Heinrich Strack und Georg Siegmund Otto Lasius. Hero Diedrich Hillerns etablierte den Rundbogenstil in Oldenburg, der dem Klassizismus folgte.

Klassizistisch sind auch die Denkmäler in der ehemaligen Vorhalle der Lambertikirche und die „Högl'sche Vase" am Schloßplatz. Die beiden Hofmaler Herzog Peter Friedrich Ludwigs, Johann Heinrich Wilhelm Tischbein („Goethe-Tischbein") und Ludwig Philipp Strack, waren Maler des Klassizismus. Von ihnen sind Werke im **Oldenburger Schloss** (S. 24) zu sehen.

DIE GRÜNE STADT

Für seine Einwohnerzahl hat Oldenburg eine vergleichsweise große Fläche. Es heißt, der Oldenburger wolle ein Haus, um das er „umzu“ (drumherum) gehen kann. Das braucht natürlich Platz. Die Stadt ist vom Altstadtkern aus seit dem 19. Jh. kontinuierlich gewachsen und hat dabei alte Ansiedlungen und Dörfer in sich aufgenommen. Dabei sind aber auch Grün- und Waldflächen miteinbezogen oder ausgespart worden.

Als die Festungswälle Oldenburgs geschleift und eingeebnet wurden, verwandelte man den Bereich, der die Stadt einst eingeschnürt hatte, in einen Grüngürtel. Diese Wallanlagen mussten später teilweise dem Verkehr geopfert werden, um die Innenstadt von diesem zu entlasten. Am Theaterwall und am Heiligengeistwall laden die Wallanlagen zum Spazierengehen in Innenstadtnähe ein. Besonders reizvoll ist die Kombination aus Grünanlage und Wasser, das der Stadtgraben zur Anlage beisteuert. Direkt im Zentrum liegt Oldenburgs **Schlossgarten** (S. 54), ein Gartenkunstwerk des 19. Jh.s mit späteren Ergänzungen. Mitten in der Stadt bietet diese Oase mit ihrem außergewöhnlichen Bestand an Pflanzen und Bäumen die Möglichkeit, dem städtischen Treiben zu entkommen und die Natur zu genießen.

Für eine Landessausstellung im Jahr 1905 legte man einen Bereich westlich des alten Dobbenviertels trocken und zwei Teiche an. Nach Ausstellungsende entstanden hier Landtag und Staatsministerium, aber auch eine großzügige Grünfläche. Die Dobbenwiese wird heute gerne für Sport und Spiel, aber auch zum entspannten Verweilen genutzt.

Ebenso innenstadtnah wie die Dobbenwiese liegt das Eversten Holz. Diesen Wald gibt es schon seit dem Mittelalter, nur lag er damals vor der Stadt Oldenburg. Im 18. Jh. wurde er zum Barockgarten umgestaltet. Im 19. Jh. wandelte man den Barockgarten in einen Landschaftsgarten um. Heute hat das Eversten Holz den Charakter eines von Wegen durchzogenen Eichen- und Buchenwaldes mit großen Lichtungen. Spaziergänger und Freizeitsportler nutzen ihn oft, aber auch Familien kommen gerne hierher, nicht nur wegen des am Rand des Waldes gelegenen Spielplatzes. Im Haareneschviertel lädt der **Botanische Garten** (S. 134) zum Kennenlernen einheimischer wie ferner Pflanzenwelten ein.

Muße im Schlossgarten

Im Norden des Stadtgebietes sind der Große und der Kleine Bürgerbusch bei Freizeitsportlern beliebt. Der Große Bürgerbusch verfügt zudem über einen Trimm-dich-Pfad und einen Spielplatz. Den Wunderburgpark mit altem Baumbestand und ebenfalls mit Spielplatz findet man im Stadtteil Osternburg. Ganz in der Nähe bietet der Osternburger Utkiek einen Ausblick auf das ganze Stadtgebiet. Die ehemalige Deponie ist heute ein fast dreißig Meter hoher begrünter Hügel, der seinem Namen „Utkiek“, was nichts anderes als „Ausguck“ bedeutet, alle Ehre macht.

Ganz im Osten des Stadtgebietes erstrecken sich das Blankenburger Holz und der Stadtwald. Hier gibt es auch einen Walderlebnispfad mit 17 Stationen.

DIE KOHLTOUR-HAUPTSTADT

Sobald im Spätjahr die ersten Nachtfröste gekommen sind, wird aus Oldenburg ein „Kohldorado". Gesellig zelebrieren die Menschen von nun an bis März ihre eigenwillige Mischung aus sportlichem Spiel, Bewegungsdrang und rustikalkulinarischer Gemütlichkeit: Man geht auf Kohlfahrt – so genannt wegen der einst auf Pferdewagen zurückgelegten Wegstrecken. Die traditionelle Veranstaltung erlebt inzwischen einen Jugendboom, ohne dass die vorangehenden Generationen je „kohltourmüde" geworden wären. Als cool gewordenes Event elektrisiert das Winterritual generationenübergreifend.

Unumgänglich ist der Hinweis auf den, so der Autor Michael P. Hopp im Standardwerk „Oldenburger Grünkohl-Brevier", wohl ersten schriftlichen Beleg über die hiesige Verköstigung des Grünkohls: In einem Reisebericht klagte der Gelehrte Justus Lipsius 1586 über die kaum menschenwürdige Speise im Oldenburgischen, das im Heiligen Römischen Reich dem Westfälischen zugeordnet war. In stallgleichen Gasthäusern habe er zusammen mit Schweinetreibern und Fuhrleuten essen müssen: „Eine ungeheure Kumme voll braunen Kohls! Einen Finger breit darüber fließt eine Brühe von Schweinefett. Diesen Ambrosia essen meine Westphälinger nicht, sie verschlingen ihn. Mich ekelt er an.“ Was der abgehobene Banause verspottet hatte, bringt heute die ganze Stadt auf die Beine. Kein Freundeskreis, kein Verein, keine Ortsgruppe, keine Firma, keine Behörde, wo man nicht aufbräche zur Kohltour. Mit Trinkpinnchen um den Hals ziehen die Gruppen mit proviantgefülltem Bollerwagen fröhlich los, um sich ein, zwei Stunden lang auf verkehrsarmen Wegstrecken allerlei Treiben hinzugeben.

Beim Boßeln versucht man eine Kugel möglichst weit zu rollen, Reisigbesen werden geworfen oder Teebeutel. Oder man lässt sich andere Wettkämpfe einfallen. Wichtig sind die Pausen mit Schnaps und Häppchen. Und am Ende findet sich die ausgelassene Gesellschaft in einem Lokal ein, wo sie Grünkohl mit Pinkel vertilgt. Als „Oldenburger Palme“ wächst das Gemüse in der Umgebung. Und Pinkel? Darunter versteht man allgemein die Beilagen aus Würsten, Speck und Kasseler. Genau genommen ist Pinkel allein aber nur die geräucherte Grützwurst. Dazu gibt's Kartoffeln. Nun wird gespeist, geplaudert, gesungen und die Kohlkönigin oder der Kohlkönig proklamiert.

Majestät für ein Jahr

Berühmt ist gar das hochpolitische „Defftig Ollnborger Gröönkohl-Äten“ in der Bundeshauptstadt. Hier wurden schon Bundeskanzler oder welche, die es noch werden sollten, zu Oldenburger Kohlkönigen gekrönt: Helmut Schmidt, Helmut Kohl (!), Gerhard Schröder oder Angela Merkel.

Den ganzen Kosmos des Grünkohl-Kultes mit Tipps, Rezepten und Angeboten für die Durchführung einer Kohltour gibt's auf www.kohltourhauptstadt.de; sogar zu studieren ist die „Kohlologie“ auf www.gruenkohl-akademie.de. Und glauben Sie keiner Bremerin und keinem Bremer, wenn die behaupten, sie hätten so was auch. Bremen hat Braunkohl.

IM HERZEN DER STADT

Hochwassersicher entstand das mittelalterliche Oldenburg auf einem leicht erhöhten Geestrücken und bildet im Grundriss einen von Südosten nach Nordwesten orientierten Keil. Der fast noch ganz vom Stadtgraben umgebene Stadtkern besitzt bis heute das mittelalterliche Straßenraster. Im Zentrum verlaufen die Lange Straße als Hauptstraße und östlich davon die Achternstraße, also hochdeutsch die „hintere Straße". Beide nehmen ihren Ausgang vom Marktplatz und treffen sich am Lefferseck wieder. Dies lädt dazu ein, hier „um den Pudding" zu flanieren. Oldenburgs Zentrum wurde schon 1967 zur Fußgängerzone gemacht.

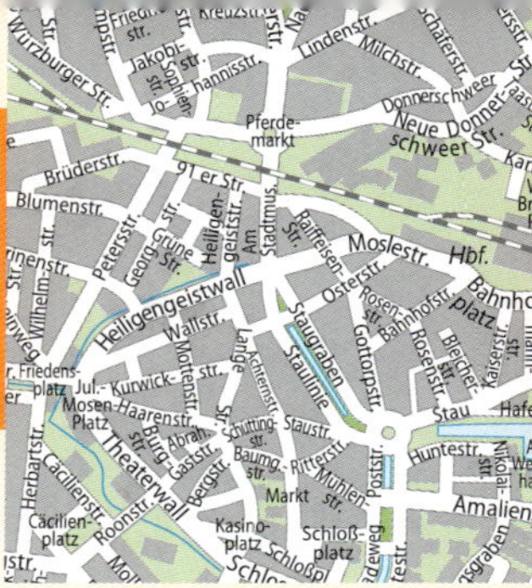

siehe große Karte S. 22

SEHENSWERTES

Schloss An der Stelle der alten Oldenburg steht heute das Schloss als historisch bedeutendstes Gebäude der Stadt. S. 24 1

St.-Lamberti-Kirche Die evangelische Hauptkirche Oldenburgs wartet in ihrem Innern mit einer großen Überraschung auf. S. 30 5

Haus Degode Als eines der wenigen Häuser, die den Stadtbrand von 1676 überstanden haben, vermittelt das Haus Degode einen Eindruck vom Gesicht des alten Oldenburg. S. 37 7

Lappan Das Wahrzeichen Oldenburgs war ursprünglich der Glockenturm der Heilig-Geist-Kapelle. S. 46 16

Oldenburger Schloss

GASTRONOMIE

Florian Grand Café Ein richtiges, klassisches Kaffeehaus gleich beim Rathaus. S. 112 50

Charly's Sensationelle Musikkneipe auf Oldenburgs Kneipenmeile Wallstraße. S. 113 60

EINKAUFEN

Der Hofgarten Neben Blumen sind hier die schönsten Geschenkideen für Heim, Hof und Garten zu finden. S. 121 22

Tee & Schokolade Paul Schliemann Auserlesene Tees samt Zubehör, feinste Schokoladen und Pralinen sowie Weine. S. 123 41

ÜBERNACHTUNG

altera Hotel Modern im Design und mit hervorragendem Restaurant sowie köstlichem Mittagstisch in der Genussmanufaktur. S. 129 1

Pferde-
markt
Brüderstr.
91 er Str.
Blumenstr.
Petersstr.
Georg-Grüne
Str.
Heiligen-
geiststr.
Am
Stadtmus.
Raiffeisen-
Str.
Ost
rinenstr.
Wilhelm-
str.
Heiligengeistwall
Wallstr.
Mottenstr.
Lange
str.
Achternstr.
Staugraben
Staulinie
Friedens-
platz
Jul.-
Mosen-
Platz
Kurwick-
str.
Haarenstr.
Burg-
str.
Abrah.
Gaststr.
Schütting-
str.
Staustr.
Baumg.-
str.
Ritterstr.
Mühl.
str.
Markt
Theaterwall
Herbartstr.
Cäcilienstr.
Cäcilien-
platz
Roonstr.
Bergstr.
Kasino-
platz
Schloßpl.
Schlosswall
Molkestr.
Bismarckstr.
Teich-
str.
weg

SEHENSWERTES

1 Schloss S. 24
2 Schloßplatz S. 27
3 Touristinfo S. 28
4 Pulverturm S. 29
5 St.-Lamberti-Kirche S. 30
6 Rathaus S. 34
7 Haus Degode S. 37
8 St. Nikolai-Kirche S. 38
9 Berg- und Gaststraße S. 38
10 Staatstheater S. 40
11 Julius-Mosen-Platz S. 41
12 Lange Straße S. 42
13 Lefferseck S. 44
14 Herbartgang S. 46
15 Wallstraße S. 46
16 Lappan S. 46
17 Hirschapotheke S. 48
18 Wohnhaus Klingenberg S. 48
19 Ehemalige Hauptpost S. 49

GASTRONOMIE

5 Ratskeller Oldenburg S. 107
9 Artischocke S. 108
15 Chianti Classico S. 109
36 New York New York S. 111
50 Florian Grand Café S. 112
56 Kaffeekunst S. 113
60 Charly's S. 113
68 Ulenspegel S. 114

EINKAUFEN

3 Der Bastelkönig S. 119
6 Duftkontor S. 119
8 Kiosk im Herbartgang S. 120
17 Buch Brader S. 120
22 Der Hofgarten S. 121
29 Bäckerei Janssen S. 122
41 Tee & Schokolade Paul Schliemann S. 123
52 Bruns Männermode S. 124
57 Kaffee und Kleid S. 125
58 Leffers S. 125
69 eins-a Schumacherei Simme S. 126

ÜBERNACHTUNG

1 altera Hotel S. 129

1 SCHLOSS S. 22

Das Oldenburger Schloss steht an der Stelle der Oldenburg, die der Stadt ihren Namen gab. Die runde Niederungsburg des 12. Jh.s erhielt im 15. Jh. einen Wassergraben (Graft). Sie war annähernd doppelt so groß wie das heutige Schloss und hatte einen frei im Hof stehenden Bergfried.

Der letzte Oldenburger Graf, Anton Günther, ließ die Burg ab 1607 in ein Renaissanceschloss umbauen und auch den alten Bergfried abbrechen. Aus dieser Zeit stammt der Anton-Günther-Flügel des Schlosses mit dem neuen Schlossturm und reich geschmückten Fensterrahmungen. In den Jahren 1737 bis 1746 wurde das Schloss gründlich renoviert, der Anton-Günther-Flügel erhielt ein Mansarddach sowie eine neue Gestaltung im Portalbereich, den sogenannten Stallknecht-Risalit mit ionischen Pilastern in Kolossalordnung (d.h. geschossübergreifend) und darüberliegendem verkröpftem (d.h. vor- und zurückspringendem) Gebälk. Danach errichtete von 1774 bis 1778 der erste Oldenburger Herzog Friedrich August den sogenannten Holmerflügel. An diesen anschließend baute Herzog Peter Friedrich Ludwig ab 1817 den Schlosstorbogen, den Küchen- und Bibliotheksflügel und zwei Remisen im klassizistischen Stil an. Schließlich folgte noch die Errichtung eines neuen Festsaaltraktes am Ende des 19. Jh.s, der sich in seiner architektonischen Formgebung am Stil des Anton-Günther-Flügels orientiert.

Wer genau hinschaut, bemerkt beim Betrachten der Westfassade des Anton-Günther-Flügels, dass der darübersitzende Turm leicht zur Fassade verdreht ist und sein Fenster nicht über der Mittelachse der Fassade sitzt. Hier ist zu erkennen, dass noch Mittelalter im Gebäude steckt, denn der sparsame Graf versteckte beim Schlossbau Teile der alten runden Burg hinter neuen geraden Fassaden, was zu Asymmetrien führte. Am Rande des Schlosshofes befindet sich noch ein kleiner Teich als letzter Rest der Graft.

Innenräume Unter den Innenräumen des Schlosses ragen im Erdgeschoss ein klassizistisches ovales Empfangszimmer von 1836 bis 1838 heraus sowie ein Raum mit einer Tapete im pompejischen Stil. In der Beletage befinden sich die Repräsentationsräume. Der Grüne und der Rote Salon und der Thronsaal sind in der Zeit des Historismus in der zweiten Hälfte des 19. Jh.s gestaltet worden. Idyllenzimmer, Marmorsaal, Weißer Saal und Stracksaal hat Herzog Peter Friedrich Ludwig in der ersten Hälfte des 19. Jh.s im klassizistischen Stil ausstatten lassen.

Der Marmorsaal im Holmerflügel war der Festsaal des Schlosses bis zum Bau des neuen Festsaals 1894

► Schmuckstück im Herzen der Stadt: das Oldenburger Schloss

bis 1897. Die relativ geringe Größe spiegelt den beschaulichen Charakter der kleinen Residenz Oldenburg wider. Der neue Festsaal ist mit Malereien von Arthur Fitger geschmückt. Drei der Gemälde zeigen Szenen aus der oldenburgischen Sage und Geschichte: Die Sage vom Oldenburger Wunderhorn, die Wappensage des Hauses Oldenburg und eine Szene, in der Großherzogin Cäcilie mithilfe der Heiligen Cäcilia die Melodie der Hymne „Heil dir, o Oldenburg" komponiert.

Die Oldenburg und das Oldenburger Schloss sind die Wiege des Hauses Oldenburg, einer bedeutenden Dynastie, die bis heute die Monarchen von Dänemark und Norwegen stellt, zeitweise Schweden und Griechenland regierte und aus der seit 1762 auch die russischen Zaren stammten. Die Oldenburger Grafen, Herzöge und Großherzöge gehören selbstverständlich ebenfalls zum Haus Oldenburg. Damit ist das Oldenburger Schloss auch historisch gesehen ein besonderer Ort von weit überregionaler Bedeutung. Im Thronsaal sind Porträts von Oldenburger Herzögen und Großherzögen sowie weiteren Angehörigen der Familie zu sehen.

Museum Heute enthält das Schloss einen Teil der Sammlungen des Landesmuseums für Kunst

DIE SAGEN VOM OLDENBURGER WUNDERHORN UND VON DER ENTSTEHUNG DES OLDENBURGER WAPPENS

Die Sage vom Oldenburger Wunderhorn berichtet, dass ein Oldenburger Graf einmal in den Osenbergen zur Jagd war und eine Jungfrau aus dem Berg erschien und ihm ein Horn mit einem Trank reichte. Als er den Inhalt verschüttete, versengte der das Fell seines Pferdes. Der Graf nahm das kunstvolle Horn daraufhin mit sich, das fortan zum Hausschatz des Hauses Oldenburg gehörte. Das originale Wunderhorn, eine Goldschmiedearbeit des 15. Jh.s, befindet sich heute in Schloss Rosenborg in Kopenhagen. Im Oldenburger Schloss ist eine Kopie zu sehen.

Die Wappensage des Hauses Oldenburg erzählt, wie Graf Huno und sein Sohn Friedrich, deren Erben die späteren Oldenburger Grafen werden sollten, in Goslar ein Gottesurteil bestehen mussten. Graf Friedrich sollte für seinen alten Vater, der des Verrats bezichtigt worden war, gegen einen Löwen antreten. Den besiegte er, weil er ihn mit einer fettbestrichenen Strohpuppe ablenken konnte. Kaiser Heinrich IV. erkannte daraufhin die Unschuld der Grafen und zog mit dem Blut des Löwen zwei Balken über den goldenen Schild Friedrichs. Deswegen zeigt das Wappen des Hauses Oldenburg zwei rote Balken auf goldenem Grund.

Das alte Grafenwappen mit den beiden roten Balken erscheint auch im Wappen der Stadt Oldenburg und als Wappenbestandteil in den Wappen des Herzogtums und des Großherzogtums Oldenburg und des Oldenburger Landes.

Klassizistische Verwaltungsgebäude am Schloßplatz und Lambertikirche

und Kulturgeschichte Oldenburg, zu dem noch das Prinzenpalais und das Galeriegebäude Augusteum gehören. Im Schloss sind neben den Repräsentationsräumen die landeshistorische Ausstellung und die Kunstgewerbesammlung zu besichtigen. Anhand von Architekturmodellen lässt sich die Entwicklung von der Burg zum Schloss nachvollziehen. Ein Modell gibt die historische Schloßplatzbebauung des 19. Jh.s wieder.

Schloßplatz • www.landesmuseum-oldenburg.niedersachsen.de • Tel.: (04 41) 2 20 73 00 • Di.–So. 10–18 Uhr •

2 SCHLOSSPLATZ S. 22

Um das Schloss erstreckt sich halbkreisförmig der Schloßplatz, dessen klassizistische Randbebauung nur noch zum Teil erhalten ist. Geschaffen worden war dieser architektonische Rahmen unter Herzog Peter Friedrich Ludwig und Großherzog Paul Friedrich August in der ersten Hälfte des 19. Jh.s.

Unter den Gebäuden ragt die Schlosswache mit ihrer viersäuligen dorischen Portikus besonders hervor. Links daran anschließend folgen das Regierungsgebäude und das Konsistorium. Dahinter liegen ebenfalls im klassizistischen Stil gestaltet die Justizkollegien am Marktplatz und das Kammergebäude am Kasinoplatz. Dieses Gebäudeensemble beherbergte bis in die Zeit des Ersten Weltkrieges die zentrale Verwaltung des Herzogtums Oldenburg. Die Bauten werden bis heute von der öffentlichen Verwaltung genutzt.

Direkt beim Regierungsgebäude steht das bronzene Standbild von

Herzog Peter Friedrich Ludwig, das hier 1893 aus Stiftungsmitteln errichtet wurde, lange nach dem Tode des 1829 verstorbenen Fürsten. Die Statue trägt die Züge des Herzogs, wie sie sich auch auf einem Porträt von Georg Friedrich Adolph Schöner aus dem Jahre 1819 finden, das noch heute im Oldenburger Schloss hängt. Auf der Rückseite des Sockels liest man den Wahlspruch des Oldenburger Herzogshauses „Ein Gott, ein Recht, eine Wahrheit", der auf Peter Friedrich Ludwig zurückgeht. Geschaffen hat das Denkmal der Bildhauer Karl Gundelach.

Vor dem Einkaufszentrum „Schlosshöfe" fällt eine Gruppe von drei Bronzebären ins Auge. Früher hieß ein Teil des Schloßplatzes „Berliner Platz" auf dem die drei Berliner Bären von Paul Halbhuber 1964 aufgestellt wurden. Nach der Neugestaltung des Platzes sind sie wieder hierher zurückgekehrt.

Am anderen Ende des Schloßplatzes zur Straße „Schloßplatz" hin erhebt sich die sogenannte Högl'sche Vase von 1805 auf einem hohen girlandengeschmückten Sockel. Ursprünglich befand sie sich als Blickpunktvase weiter straßenaufwärts in Richtung Kasinoplatz an einer Brücke über einen mittlerweile zugeschütteten Wasserlauf. Bei der steinernen Vase handelt es sich um einen monumentalen Kelchkrater nach griechisch-römischem Vorbild. Reiche Römer hatten sich solche steinernen Gefäße für ihre Villengärten anfertigen lassen. Der Entwurf für die klassizistische Oldenburger Vase stammt von Joseph Bernhard Winck, ausgeführt hat ihn der Bildhauer Franz Anton Högl.

3 TOURISTINFO S. 22

Oldenburg war „Stadt der Wissenschaft 2009". Während des Wissenschaftsjahres gab es in der Stadt verschiedene Stationen, die auf unterhaltsame Weise Forschungsergebnisse vermittelt haben. Dieses Konzept wird im Schlauen Haus fortgeführt mit Ausstellungen, Vorträgen und anderen Ver-

MOIN

Wer Oldenburg besucht und am Nachmittag mit einem fröhlichen „Moin" oder „Moin, Moin" begrüßt wird, antwortet oft unwillkürlich mit „Morgen" oder „Guten Morgen". Umgekehrt geht es dem Oldenburger, der sich gen Süden bewegt und sich dort zusammennehmen muss, um auf sein „Moin" nach der Mittagstunde keine unverständlichen Blicke zu ernten. Jetzt ist es nicht so, dass die Oldenburger erst nach Mittag aufstehen, um dann allen einen guten Morgen zu wünschen. „Moin" klingt zwar nach „Morgen", hat damit aber wenig zu tun. Hinter dem Gruß steht wohl das plattdeutsche „moi", was „gut" bedeutet. Wer also mit „Moin" grüßt, wünscht einen „Guten", und das kann der Morgen oder der Abend oder der Tag sein. „Moin" passt also in Oldenburg zu jeder Tageszeit.

anstaltungen. Im Schlauen Haus hat auch die Touristinfo an einem zentralen Platz im Stadtgebiet ihren Sitz. Das Gebäude ist eine spannende Verbindung von Alt und Neu: Das Schlaue Haus verbindet Bauteile aus dem 16. Jh. mit modernster Architektur. Schlaues Haus heißt es, weil in ihm zukunftsweisende Materialien verbaut worden sind und weil es mit modernster, energiesteuernder wie energiesparender Technik ausgestattet ist.

Schloßplatz 16 • Tel.: (0441) 3616 1366 • www.oldenburg-tourist.de • Mo.–Fr. 9.30–18 Uhr, Sa. 9.30–16 Uhr •

4 PULVERTURM S. 22

Der Pulverturm ist der letzte sichtbare Gebäuderest der Oldenburger Stadtbefestigung. Im Mittelalter erhielt Oldenburg eine Stadtmauer mit vorgelagertem Stadtgraben. Es ist bei archäologischen Untersuchungen festgestellt worden, dass diese offensichtlich abschnittsweise errichtet worden ist, je nachdem, wie die Mittel zu ihrem Bau vorhanden waren. Im 18. Jh. wurde die Stadt Oldenburg mit einem damals modernen System aus Wällen, Bastionen und Schanzen stark befestigt. Die Stadtmauer war von fünf Toren durchbrochen. An einem der Tore, dem Eversten Tor, wurde im Jahr 1529 der Pulverturm als Geschützturm errichtet. Seine bienenkorbförmige Kuppel erhielt er 1623. Der Name rührt daher, dass früher in dem Turm Schießpulver gelagert worden ist. Später hat man den Turm als Eiskeller verwendet und den Ort, an dem er steht, als Eiskellerbastion bezeichnet. Am Pulverturm ist in einem archäolo-

Der mittelalterliche Pulverturm

gischen Fenster noch ein Ansatz der Stadtmauer zu sehen, den man hier freigelegt hat.

5 ST.-LAMBERTI-KIRCHE S. 22

TOP-TIPP

Die St.-Lamberti-Kirche auf dem Markt ist die historische Hauptkirche der Stadt Oldenburg und seit dem 16. Jh. evangelisch-lutherisch. Der Kirchenpatron Lambertus war ein beim Adel beliebter Heiliger. Das deutet darauf hin, dass wohl die Oldenburger Grafen hinter der Gründung der Kirche stehen. Sie war nicht nur Pfarrkirche, sondern seit 1377 auch Stiftskirche eines Kanonikerstifts. In architektonischer Hinsicht ist sie etwas ganz Besonderes, denn man sieht ihr von außen ihr Innenleben (fast) nicht an. Die Kirche geht in ihren Ursprüngen auf das 12./13. Jh. zurück. Seit dieser Zeit hat es immer wieder Umbauten gegeben. Im späten Mittelalter war sie eine gotische Hallenkirche mit Dachreiter. Das Glockenhaus stand frei auf dem Marktplatz. Heute stellt sie sich im Außenbau als neugotische Backsteinkirche dar, die mit ihren fünf Türmen das Stadtbild prägt. Die Strebepfeiler, die Nord- und die Südmauer und Teile der Westwand sind im Kern noch mittelalterlich. Wie bei einem klassischen gotischen Kirchenbau weist St. Lamberti einen Westturm auf und besitzt im Osten einen Chor mit polygonalem Abschluss.

Die Rotunde Wer die St.-Lamberti-Kirche durch den heutigen Haupteingang im Westen betritt, erlebt eine Überraschung: Anstelle eines gotischen gewölbten Kirchenschiffs finden sich die Besucher des Gotteshauses in einem klassizistischen kreisrunden Kirchenraum wieder. Zwölf Pfeiler und darüberliegende ionische Säulen tragen eine Kuppel mit Lichtfenster in der Mitte. Hinter Pfeilern und Säulen liegen eine kleine und zwei große Emporen. Gegenüber dem heutigen Eingang steht ein Kanzelaltar mit Altartisch und darüber angebrachter Kanzel, über der wiederum die Orgel ihren Platz hat.

Der Kirchenraum geht auf den zweiten regierenden Herzog von Oldenburg, Peter Friedrich Ludwig, zurück, der die Kirche Ende 1791 bis 1795 völlig neu gestalten ließ. Der Herzog war ein Anhänger der Aufklärung, der die Vernunft in den Mittelpunkt des Denkens stellte. Dazu passen die klaren geometrischen Formen des Klassizismus, eines Architekturstils , den der Herzog bevorzugte und in Oldenburg heimisch machte.

Vom Mittelfenster in der Kuppel gehen zwölf Strahlen aus, die auf die Säulen treffen und durch die darunterliegenden Pfeiler verlängert werden. Die Zwölfzahl der Säulen mag für die zwölf Apostel stehen, die der Pfeiler für die zwölf

▶ Die Lambertikirche birgt Überraschungen

DIE SAGE VON DER ENTSTEHUNG DES WILDENLOH

In Oldenburg geht die Sage, es habe dem Teufel nicht gepasst, dass die Bürger die St.-Lamberti-Kirche errichten wollten. So entschloss er sich, den Bau zu verhindern. Im Ammerland riss er des Nachts einen Wald aus und flog in Richtung Oldenburg. Beim dritten Hahnenschrei würde er seine Macht verlieren, und so wurde er sich seiner Zeitnot bewusst, als der erste Hahn krähte. Beim zweiten Hahnenschrei warf er einen Teil seiner Last ab und beeilte sich, nach Oldenburg zu kommen, um den größeren Rest auf die Baustelle abzuladen. Da krähte der dritte Hahn und er verlor auch diesen Rest. Dort aber, wo er den Wald aus der Erde gerissen hatte, ist heute das Zwischenahner Meer. Die beiden herabgefallenen Waldstücke sind der große und der kleine Wildenloh.

Stämme Israel, damit also für das Neue und das Alte Testament. Das Licht, das durch das Fenster in die Kirche fällt, wird symbolisch über die Strahlen, Säulen und Pfeiler weiter in die Kirche geleitet. Jesus Christus, das Licht der Welt, kommt in Gestalt des Sonnenlichtes über Neues und Altes Testament in die versammelte Gemeinde.
Interessant ist der Kanzelaltar, der das Altarsakrament (Abendmahl) mit der Wortverkündigung verbindet, die von der Kanzel erfolgt. Die darüber befindliche Orgel ergänzt dies noch um den Aspekt der Kirchenmusik. Gegenüber vom Altar befindet sich die herzogliche Loge. Nach dem Umbau des 18. Jh.s lagen der Altar im Westen und die Herzogsloge im Osten. Im Zuge von Umbauarbeiten zwischen 1966 und 1972 drehte man jedoch den Kirchenraum und verlegte den Haupteingang der Lambertikirche in den Westen. Die klassizistische Eingangshalle im Osten, die anstelle des mittelalterlichen Chores errichtet worden war, verlor dadurch ihre eigentliche Funktion.

◀ Klassizistischer, kreisrunder Kirchenraum in St. Lamberti: die Rotunde

Ehemalige Eingangshalle Die ehemalige Eingangshalle der St.-Lamberti-Kirche war durch Umgestaltungsmaßnahmen zwischenzeitlich ihrer historischen Ausstattung beraubt. Mittlerweile (Renovierung 2007–2009) ist sie wieder im Wesentlichen so hergerichtet worden, wie sie Ende des 18. Jh.s ausgestaltet worden war. Heute stehen hier wieder zwei Scheinsarkophage (Kenotaphe) mit Porträtbüsten des letzten Oldenburger Grafen, Anton Günther, und des ersten Oldenburger Herzogs, Friedrich August, aus dieser Zeit. Das von Herzog Peter Friedrich Ludwig gestiftete Denkmalensemble soll die Verwandtschaft der beiden Landesherren deutlich machen und die Legitimität der neuen Dynastie untermauern.
Hinter dem Denkmal des Grafen sind die barocken Zinnsärge Graf

Anton Günthers († 1667) und seiner Frau Sophia Katharina, geborene Herzogin von Schleswig-Holstein-Sonderburg, († 1696) aufgestellt. Gegenüber finden sich in sekundärer Aufstellung die barocken Sarkophage des dänischen Statthalters Graf Christian Friedrich von Haxthausen und seiner Frau Margrethe Hedevig aus der Mitte des 18. Jh.s.

Im Scheitel der ehemaligen Eingangshalle hängt jetzt das spätmittelalterliche Triumphkreuz der Lambertikirche. Neben dem Eingang in die Rotunde sind aufrecht an der Wand die Grabplatten des Grafen Anton I. von Oldenburg und seiner Frau Sophia, geborene Herzogin von Sachsen-Lauenburg, aus dem 16. Jh. angebracht. Sie lagen bis 1937 unter dem Fußboden der Eingangshalle, also im Bereich des mittelalterlichen Chors, wo sich die Grablege der Oldenburger Grafen befand.

Der neugotische Mantel Dass die klassizistische St.-Lamberti-Kirche heute im neugotischen Mantel erscheint, ist ein Ergebnis des gewandelten Geschmacks im fortgeschrittenen 19. Jh. Zunächst baute man zwischen 1873 und 1876 einen neugotischen Westturm an die klassizistische Kirche an. Nachdem in Wien das Ringtheater abgebrannt war und dabei zahlreiche Menschen ums Leben gekommen waren, erkannte man in Oldenburg die Notwendigkeit, feuersichere Treppen für die Emporen in der St.-Lamberti-Kirche einzubauen. In diesem Zusammenhang wurden 1885 bis 1887 vier Treppentürme errichtet und die Kirche neugotisch ummantelt.

Markt 17 • www.kirchengemeinde-oldenburg.de • Tel.: (04 41) 3 90 11 80 • Mo.–Sa. 11–18 Uhr, Gottesdienst So. 10 Uhr •

6 RATHAUS S. 22

Auf dem Markt gelegen, ist das Oldenburger Rathaus das Herzstück der Bürgerstadt. Umgangssprachlich bezeichnen die Oldenburger den Platz auch als „Rathausmarkt", um ihn von anderen Marktplätzen der Stadt zu unterscheiden.

ARCHÄOLOGISCHE BODENVITRINEN

Auch in Oldenburg wurden und werden bei archäologischen Untersuchungen immer wieder Relikte aus vergangenen Zeiten entdeckt. Normalerweise können wir die entsprechenden Fundstücke im Museum bewundern. In Oldenburg geht das natürlich auch, aber hier geht noch mehr: So gibt es in der Fußgängerzone 19 in den Boden eingelassene Vitrinen mit Repliken von archäologischen Fundstücken zu sehen.

In der Oldenburger Tourist-Information, Schloßplatz 16, ist ein Flyer mit dem Titel „Geschichte unter den Füßen" erhältlich. Darin gibt es neben Erläuterungen zu den Bodenvitrinen auch einen Übersichtsplan. Weitere Informationen auch unter www.oldenburg-tourist.de

Am Marktplatz beim Rathaus ist immer etwas los

Errichtet wurde das Rathaus über dreieckigem Grundriss zwischen 1886 und 1888. Den Vorgängerbau der Spätrenaissance mit mittelalterlichem Kern hatte man dafür abgerissen. Das heutige „Alte Rathaus" ist ein neugotischer Bau aus roten Ziegeln mit Sandsteinelementen. Ecktürme überragen die Süd- und die Nordwestspitze des Gebäudes, während kleine Ecktürmchen zum mittelalterlichen Gesamteindruck beitragen.
In einer Nische unterhalb der Südspitze des Rathauses erinnert seit 2004 ein Denkmal an den früheren Oldenburger Oberbürgermeister Theodor Görlitz, der die Stadt während seiner Amtszeit (1921–1932) in vielerlei Hinsicht vorangebracht hat. Über dem Eingang des Rathauses an der Westseite ist neben der Jahreszahl 1887 zu lesen: „Erst waeg's, dann wag's." Links vom Eingang befindet sich eine vergrößerte Darstellung des mittelalterlichen Großen Stadtsiegels, des Lambertussiegels, in Wappenform. Sie zeigt eine dreitürmige Stadtansicht und die Gestalt des Heiligen Lambertus, des Patrons der St.-Lamberti-Kirche, im mittleren Tor. Eine farbige Fassung des Stadtwappens ist am Nordwestturm des Rathauses über einem Glockenspiel angebracht. Das Glockenspiel lässt um 11, 14, 17 und 19 Uhr das Lied „Heil dir, o Oldenburg" und eine weitere Weise erklingen.
Auf der Marktseite des Gebäudes sitzt über dem Eingang in den Ratskeller ebenfalls das Oldenburger Stadtwappen, das hier von zwei Löwen gehalten wird. Dieses Sandsteinrelief aus dem 17. Jh.

KNEPPECK
Wilh. Degode
Kleine Kirchenstraße
wellfit
LINSE

stammt noch vom Vorgängerbau des „Alten Rathauses". Ebenfalls zum Marktplatz hin befindet sich hinter drei großen gotischen Fenstern der Ratssaal im dritten Obergeschoss. Hier wurden Wandmalereien der Erbauungszeit freigelegt und restauriert, die zusammen mit einem hölzernen Tonnengewölbe den repräsentativen Eindruck des historistischen Ratssaales bestimmen. Überhaupt haben die damaligen Stadtväter an nichts gespart, um ihren Rathausneubau sehr qualitätvoll auszustatten: Während andere Bauherren im damaligen Oldenburg auf gegossenen Architekturschmuck für ihre Häuser zurückgriffen, bestehen die ornamentierten Teile des Rathauses durchweg aus Werkstein, der von Bildhauern bearbeitet worden ist. Im Inneren wird dies besonders eindrucksstark beim Treppenhaus deutlich.

Vor dem Rathaus unterhalb der Fenster des Ratssaales erhebt sich eine mehrfigurige Bronzeplastik mit dem Titel „Gegenwart" des Bildhauers Bernd Altenstein aus dem Jahr 1983.

Markt 1 •

7 HAUS DEGODE S. 22

Das Haus Degode an der Ecke Markt/Kleine Kirchenstraße, benannt nach einem nachmaligen Besitzer, sieht mit seinem mächtigen dreifach vorkragenden Fachwerkgiebel auf das Oldenburger Rathaus. Es ist 1617 vom gräflichen Rentmeister Johann Mausolius errichtet worden. Die Inschrift am Gebäude teilt jedoch ein Erbauungsdatum von 1502 mit. Dies mag sich auf das ziegelsteinerne Hinterhaus beziehen. Ansonsten ist die Fassade 1888 und zu Beginn des 20. Jh.s umgestaltet worden. Die zahlreichen Fächerrosetten und insgesamt der bunte Charakter des Gebäudes stammen von 1888.

Obwohl das Degodehaus aus der frühen Neuzeit stammt, kann es doch beispielhaft für die mittelalterliche Bebauung von Oldenburgs Innenstadt stehen. Die Giebelständigkeit war typisch für die mittelalterlichen Häuser, die mit ihren zur Straße gewandten spitzen Giebeln das Bild der Stadt prägten, so zu sehen auf einer Stadtansicht aus dem späten 16. Jh.

Das Degodehaus ist eines der wenigen Häuser, die den verheerenden Stadtbrand von 1676 überstanden haben und noch einen Eindruck von der damaligen bürgerlichen Architektur Oldenburgs geben können. Mit seinem großen Mitteltor steht es für den Typus des Ackerbürgerhauses, das im Erdgeschoss über eine geräumige Diele verfügte. Sehenswert sind noch Deckenmalereien von 1645 mit allegorischen Darstellungen der Erdteile Europa, Afrika, Asien und Amerika. Australien fehlt, weil es damals noch unentdeckt war.

Markt 24

◀ Schmuckstück: das Degodehaus

8 ST.-NIKOLAI-KIRCHE

S. 22

Von Oldenburgs Mittelalter sind im heutigen Stadtbild nur noch wenige Spuren zu entdecken, so der Rest der St.-Nikolai-Kirche im Knick, der die Kleine Kirchenstraße mit der Bergstraße verbindet. Hier ist der Grundriss der im 19. Jh. abgebrochenen Kirche im Pflaster markiert und durch die Glastür des anschließenden Gebäudes sind Reste der mittelalterlichen Südwand mit Bogenansatz aus großen Klosterformatziegeln zu erkennen. Die Kirche ist vermutlich älter als die St.-Lamberti-Kirche und wohl noch im 12. Jh. entstanden. Sie war dem Patron der Schiffer, dem Heiligen Nikolaus, geweiht. Das zeigt, dass schon damals Schifffahrt auf der Hunte betrieben worden ist.

Knick

9 BERG- UND GASTSTRASSE

S. 22

Die Bergstraße steigt sanft zur Langen Straße hin an und könnte der Vermutung Vorschub leisten, dass sie ihren Namen dieser Tatsache wegen erhalten hat. Tatsächlich hieß sie früher Panzenberg, ein Name der später in Bergstraße geändert worden ist.

Ihre nordwestliche Seite zeichnet sich durch eine kleinteilige Bebauung des 18. Und 19. Jh.s mit Fachwerkbauten aus. Die Fassaden sind nicht, wie sonst in Oldenburg häufig zu finden, im Stil der Gründerzeit verkleidet. Durch den Nikolaigang gelangt man zur Gaststraße, die ihren Namen vom Gasthaus des Klosters Rastede erhalten hat, das an ihrem Ende vor dem Stadtwall lag. Von den Oldenburgern als „Elendenbude" bezeichnet, weil es sich bei dem Gasthaus um ein Armenhaus handelte, hieß auch der Teil der Stadtbefestigung, auf den die Straße zuführte, die Elendenbudenbastei. Haus Nr. 14 trägt einen prächtigen Wappenschmuck, und zwar ein Allianzwappen der Großherzogtümer Oldenburg und Mecklenburg-Schwerin. 1896 heiratete der damalige Erbgroßherzog und spätere letzte Großherzog von Oldenburg, Friedrich August, in zweiter Ehe Herzogin Elisabeth von Mecklenburg-Schwerin. Vermutlich aus diesem Anlass brachte man das Allianzwappen an dem Haus an.

Der Verlauf der Gaststraße und in ihrer Fortsetzung der Schüttingund der Staustraße markiert die Begrenzung von Oldenburgs Innenstadt bis ins 14. Jh. Hier wird eine Befestigung aus Wall und Graben bestanden haben, die zugunsten der dann erfolgten Stadterweiterung nach Nordwesten weichen musste. Die damals angelegte Neustadt lässt sich im Vergleich zur Altstadt noch heute am regelmäßigeren Straßenverlauf erkennen.

► Städtische Idylle:
die Bergstraße
in der Fußgängerzone

GASPERS
Schreiben & Schenken
GASPERS

OLDENBURGER STRASSENNAMEN

In der Oldenburger Innenstadt finden sich einige Straßennamen, die erklärungsbedürftig sind. Die Bergstraße, die Burgstraße und die Mottenstraße gehören dazu. Tatsächlich steigt die Bergstraße leicht zur Langen Straße hin an, aber nicht einmal die Oldenburger würden das als „Berg" bezeichnen. Die Burgstraße liegt ganz woanders als die frühere Oldenburg. Und was hat es mit Motten auf sich, nach denen eine Straße benannt wird? Die Lösung liegt darin, dass die Straßen früher drastischere mittelalterliche Namen trugen, die man in der vornehmen Residenzstadt des 19. Jh.s nicht mehr für passend hielt. So wurde der Panzenberg, benannt nach hier weggeworfenen Schlachtabfällen, zur Bergstraße. Die Poggenburg, ein feuchtes Gebiet in der Stadt, wo die Poggen, niederdeutsch für Frösche, quakten, wurde zur Burgstraße. Schließlich entschärften die Oldenburger die nach Mutterschweinen benannte Muttenstraße zur Mottenstraße.

10 STAATSTHEATER S. 22

Das Große Haus des Oldenburgischen Staatstheaters ist bereits der dritte Theaterbau in Oldenburg nach Vorgängern von 1832/33 und 1879 bis 1881. Der jetzige Bau stammt von 1891 bis 1893 und beeindruckt durch seine korinthische Säulenvorhalle mit dem darüberliegenden Dreiecksgiebel, in dem Apollon, Musen, Bacchus und Psyche die Theaterkunst symbolisieren. Der Bauschmuck des Theaters stammt von Heinrich Boschen. Der Hofmodelleur Boschen betrieb damals ein Unternehmen in Oldenburg, das Bauherren mit gegossenen Reliefs, Säulen und Figuren für ihre Häuser belieferte, die sie sich in Katalogen aussuchen konnten.

Mit seiner stadtbildprägenden Kuppel über dem Bühnenhaus gehört das Große Haus des Staatstheaters zu den Wahrzeichen Oldenburgs. Die Kuppel ist im Übrigen so groß ausgefallen, weil sie ursprünglich einen Wassertank mit Löschwasser beherbergte. Der Vorgängerbau des Architekten Gerhard Schnitger war nämlich einem Brand zum Opfer gefallen. Stadtbaumeister Franz Noack und Architekt Paul Zimmer errichteten den Nachfolgebau in den gleichen äußeren Formen wie Schnitger. Aus besagten Gründen wichen sie nur bei der Kuppel entscheidend vom Vorgängerentwurf ab.

Der Zuschauerraum mit Parterre und drei Rängen sowie ein Schmuckfoyer sind anders als beim Vorgängerbau im Stil des Neorokoko gestaltet. Während der Bauzeit wollten die Oldenburger nicht auf ihr Theater verzichten, weswegen ein hölzerner Interimsbau auf dem benachbarten Cäcilienplatz errichtet wurde. An das Große Haus sind das Neue Foyer und das Kleine Haus in kontrastierenden modernen Formen angebaut worden.

Theaterwall 19 •

Prächtig: das Oldenburgische Staatstheater

11 JULIUS-MOSEN-PLATZ S. 22

Der Julius-Mosen-Platz ist im frühen 19. Jh. unter Herzog Peter Friedrich Ludwig angelegt worden. Er umschreibt einen perfekten Halbkreis und öffnet sich nach Westen, von wo aus die Ofener Straße auf den Platz zuführt. Ursprünglich rahmten klassizistische Gebäude den Platz, der als Empfangsplatz nach Westen diente und direkt hinter dem damaligen Haarentor der Stadt lag. Parallel zur Ofener Straße fließt noch heute die Haaren aus dem Ammerland kommend nach Oldenburg hinein und bewässert ab dem Haarentor den Stadtgraben. Von der früheren Platzrandbebauung ist im Kern nur noch das Gebäude im Scheitelpunkt des Halbkreises erhalten („Haus Schöneck"). Es ist 1805 bis 1807 als erste katholische Kirche nach der Reformation in klassizistischen Formen auf Veranlassung Herzog Peter Friedrich Ludwigs errichtet worden. Ihm zu Ehren war sie dem Heiligen Petrus geweiht. Nachdem sich die katholische Kirchengemeinde 1873 bis 1876 eine neue Kirche an der Peterstraße errichtet hatte, wurde die alte Kirche aufgegeben und profaniert. Das St.-Peters-Patrozinium ging auf die neue Kirche über.

Früher hieß der Julius-Mosen-Platz Haarentorplatz. Im Jahr 1903 erhielt der Platz seinen neuen Namen zu Ehren des Dichters und Dramaturgen Julius Mosen. Mosen war im 19. Jh. am Oldenburger Theater tätig und trug wesentlich dazu bei, dass es um die Mitte des Jahrhunderts zu den fortschrittlichsten Häusern zählte. Er ist noch heute als Dichter der Tiroler Landeshymne „Zu Mantua in Banden" bekannt. Vor dem Haus Schöneck steht heute ein 1992 errichtetes

Denkmal für den Dichter und Dramaturgen, das die Künstler Ivo Gohsmann und Stefan Sakic geschaffen haben.

12 LANGE STRASSE S. 22

An der Langen Straße fallen drei Gebäude besonders ins Auge, weil sie ziegelsichtig sind und ihre hohen, dreieckigen Giebel der Straße zuwenden. Es handelt sich um das Haus „Hotel Graf Anton Günther" und die Hofapotheke, die links und rechts von der Einmündung der Kurwickstraße liegen. Das dritte Haus, Haus Renfordt, liegt weiter nördlich an der Ecke Lange Straße/Wallstraße. Alle drei Häuser sind in den Jahren nach dem verheerenden Stadtbrand von 1676 in Formen der späten Weserrenaissance neu errichtet worden. Während später traufständige Bauten bevorzugt wurden, also Gebäude, die der Straße die Regenrinne zukehren, sind die drei Häuser noch giebelständig. Zudem haben sie ihren Haupteingang in der Mitte der Fassade. Damit stehen sie, wie auch das Degodehaus am Markt, in der noch aus dem Mittelalter stammenden Tradition der giebelständigen Häuser. Die hinter den Portalen liegenden hohen Dielen sind hier wie dort nicht erhalten.

Hotel Graf Anton Günther Das Haus, das heute nicht mehr als Hotel genutzt wird, ist im 19. Jh. stark verändert worden. So wurden aus den zuvor drei Geschossen des Giebels zwei, und auch der reiche Giebelschmuck stammt aus dieser Zeit des Umbaus. Der Rokokoerker neben dem Haupteingang ist allerdings etwas Besonderes. Diese sogenannte Auslucht oder Utlucht, was so viel wie „Ausguck" bedeutet, folgt wohl bremischen Vorbildern und ist in Oldenburg singulär.

An der Wand zur Kurwickstraße prangt ein großes Wandgemälde, das den letzten Oldenburger Grafen, Anton Günther, auf seinem langmähnigen Lieblingspferd Kranich zeigt. Anton Günther gilt als der Friedensgraf, der seine Grafschaft weitgehend aus dem Dreißigjährigen Krieg herausgehalten hatte und die Oldenburger Pferdezucht in hohem Maße förderte. Die Bildmarke des reitenden Grafen ist fest im kollektiven Bewusstsein der Oldenburger verankert. Der Maler August Oetken hat das Wandbild um 1900 nach einer Vorlage des 17. Jh.s als Werbeschild für das damals im Haus ansässige „Hotel Graf Anton Günther" gemalt. Nach dem Zweiten Weltkrieg hat es der Maler Kurt Sandstede komplett erneuert, sodass es sich bei dem heutigen Bild im Wesentlichen um sein Werk handelt.

Hofapotheke Im gegenüberliegenden Gebäude ist seit dem 18. Jh. die Hofapotheke ansässig. Es ist im architektonischen Bestand authentischer als das Haus „Hotel

► Jetzt ein Restaurant: das ehemalige Hotel Graf Anton Günther

GRAF·ANTON·GVENTHER

Das Lefferseck ist ein beliebter Treffpunkt

Graf Anton Günther". Sein Giebel trägt weniger Schmuck und hat noch die ursprünglichen drei Geschosse. Die Fenstergliederung der Fassade stammt bis auf das Korbbogenfenster rechts neben dem Haupteingang von einem Umbau des 18. Jh.s. Letzteres ist erst 1927 eingebaut worden, allerdings unter Verwendung eines kleinen barocken Löwen als Bekrönung. Wer genau hinschaut, wird gleich erkennen, dass das Baumaterial wenig homogen ist: Die Seitenwand zur Kurwickstraße besteht aus großformatigen Ziegeln im Klosterformat, die der Fassade aus kleineren Ziegelsteinen. Dies deutet auf Umbaumaßnahmen am Gebäude hin. Die verzierten Sandsteine an den Ecken und am Eingangsportal sind teilweise durch die Ornamente hindurch abgeschnitten, was sie als sogenannte Spolien erkennbar macht, d. h. als wiederverwendete Architekturteile.

Haus Renfordt Das dritte giebelständige Gebäude, das nach einem vormals dort ansässigen Geschäft auch als Renfordthaus bekannt ist, weist im Erdgeschoss starke Veränderungen auf, besitzt aber eine Utlucht, einen Erker aus den 1920er-Jahren. Auffällig ist das an der Wallstraße liegende abknickende Hinterhaus.

Lange Straße 76, 77, 89

13 LEFFERSECK S. 22

TOP-TIPP

Am Lefferseck treffen sich Lange Straße und Achternstraße wieder, nachdem sie am Markt ihren Ausgang genommen haben. Seinen – nicht offiziellen – Rufnamen

Die Kneipenmeile Wallstraße

trägt es nach dem in unmittelbarer Nachbarschaft gelegenen Bekleidungskaufhaus. Eigentlich ist das Lefferseck ein kleiner Platz am Nordende der Oldenburger Fußgängerzone, der in gewisser Weise den Gegenpol zum Markt im Süden der Altstadt bildet. Entsprechend finden hier und in der unmittelbaren Nachbarschaft immer wieder auch Veranstaltungen statt und verschiedene Organisationen bauen hier gerne ihre Informationsstände auf.

Direkt am Lefferseck steht ein Brunnen des Künstlers Udo Reimann aus dem Jahr 1969, der den Oldenburgern mittlerweile sehr lieb geworden ist. Als es 2005 Bestrebungen gab, den Brunnen im Rahmen einer Neugestaltung des Platzes zu entfernen, konnte er nach vielen Protesten bleiben.

Nördlich vom Lefferseck vor dem Gebäude der Volksbank kann man seit 2007 ein Pferdedenkmal bewundern: Das bronzene Ross des Dresdner Künstlers Walter Hilpert stellt den erfolgreichen Dressur- und Zuchthengst Donnerhall dar, einen prominenten Vertreter der Pferderasse „Oldenburger“. Auf seinem linken Hinterschenkel prangt das Brandzeichen der Oldenburger Pferde, ein bekröntes „O“.

Steht man am Nordende der Langen Straße zwischen dem Renfordt-Haus und dem Lappan und blickt zurück zum Lefferseck, kann man die Größe der Oldenburger Kernstadt auf einen Blick erfassen: Links schaut der Schlossturm über die Dächer und rechts der Hauptturm der St.-Lamberti-Kirche, die beide am anderen Ende der Altstadt liegen.

14 HERBARTGANG S. 22

Der Herbartgang verbindet die Lange Straße mit der Mottenstraße und dem Waffenplatz. Er stellt sich dem Besucher als reizvolle Mischung aus Alt und Modern dar, denn die seit 1958 erbaute Ladenpassage bezieht in ihrem zur Langen Straße hin gelegenen Teil ein steinernes Hinterhaus aus dem frühen 17. Jh. mit Gewölbekeller und ein Fachwerkgebäude aus dem späteren 17. Jh. mit ein. Die darin eingebaute reich verzierte barocke „Bauernhaustür" aus dem 18. Jh. stammt von einem früheren Nachbarhaus. Die Passage ist mit Mosaiken, Reliefs von Georg Schmidt-Westerstede sowie Brunnenplastiken und -skulpturen von Anna Maria Strackerjan und Udo Reimann künstlerisch ausgestattet. Wasserführende Brunnen tragen viel zur angenehmen Atmosphäre der Ende der 1950er-Jahre städtebaulich innovativen Passage bei. Ihren Namen hat sie von dem in Oldenburg geborenen Philosophen und Pädagogen Johann Friedrich Herbart (1776–1841), der im nicht mehr erhaltenen Vorderhaus an der Langen Straße geboren wurde.

15 WALLSTRASSE S. 22

ENTDECKER-TIPP

Die Wallstraße verläuft hinter dem ehemaligen Stadtwall und ist in ihrem Teil zwischen Langer Straße und Mottenstraße die Gastro- und Kneipenmeile der Stadt. Sehenswert sind ein Wohn- und Speicherbau von 1773 („Kulturspeicher") sowie ein gegenüberliegendes biedermeierzeitliches Haus mit Mittelrisalit und Dreiecksgiebel. Über dem Eingang befindet sich das großherzoglich-oldenburgische Wappen (Großes Staatswappen), wie es die Hoflieferanten des Großherzogs an ihren Geschäften anbringen durften. In dem Haus hatte ein Hofbuchbinder sein Geschäft. Es handelt sich um das letzte im Oldenburger Stadtgebiet erhaltene Hoflieferantenwappen. Am anderen Ende der Straße steht das ehemalige Gebäude des 1793 gegründeten Oldenburger Lehrerseminars. Errichtet wurde es 1806/07 in klassizistischen Formen. Bemerkenswert sind zwei halbrunde apsisartige Ausbauten an den Schmalseiten des Hauses.

Wallstraße 3, 24, 14

16 LAPPAN S. 22

Der 35 Meter hohe Lappan ist das Wahrzeichen Oldenburgs. Er liegt am nordöstlichen Ende der Innenstadt und bildet mit seiner welschen Haube – ein glockenförmiges Dach mit aufgesetzter Laterne – das Gegenstück zum ganz ähnlich bekrönten Schlossturm im Süden der Stadt. Der Turm ist im Jahr 1467/68 als Glockenturm der im 14. Jh. errichteten Heilig-Geist-Kapelle erbaut worden und eines der wenigen Relikte des Mittelalters in der Stadt. Die Heilig-Geist-Kapelle gehörte zum Spital der Stadt Oldenburg,

▶ Mit seinem Wahrzeichen gibt sich Oldenburg bescheiden: der Lappan

ROSSMANN
Reisebüro
Lappan

dem mittelalterlichen Krankenhaus. Am Unterbau des Ziegelturmes ist abzulesen, dass er verschiedene Bauphasen erlebt hat. Zugemauerte spitzbogige Fensteröffnungen lassen ihn als Werk der Gotik erkennen. Beim Stadtbrand von 1676 wurde die Kapelle zerstört, ihr Glockenturm beschädigt. Dieser erhielt im Jahr 1709 die welsche Haube als neues Dach und diente als Wohnung, Schenke, Kunsthandlung und Reisebüro. Nach dem Abriss des alten frei stehenden Glockenhauses der St.-Lamberti-Kirche 1807 wurde das Geläut bis zur Neuerrichtung des Westturms der Oldenburger Hauptkirche 1873 bis 1876 im Lappan angebracht. So entstand das Kuriosum, dass die Glocken am einen Ende der Stadt zum Gottesdienst riefen, der am anderen Ende stattfand.

Der ungewöhnliche Name Lappan ist erklärungsbedürftig. Nach der gängigsten Deutung stammt er daher, dass der Glockenturm oder ein bauliches Zwischenstück erst später an die Heilig-Geist-Kapelle angebaut bzw. „angelappt" worden ist, oder daher, dass man an den Turm nach der Zerstörung der Kapelle neue Bauten „angelappt" hat. Vielleicht meint „Lappan" aber auch den sprichwörtlichen langen Laban, als den man das höchste Gebäude der Oldenburger Neustadt bezeichnete. Schließlich könnte die Bezeichnung auch von einem Wort für kirchlichen Grundbesitz herstammen.

Lange Straße 3

17 HIRSCHAPOTHEKE S. 22

Mit ihrem steilen Walmdach fällt das Gebäude der Hirschapotheke schon von Weitem ins Auge, besonders wenn man es vom Lefferseck her durch die Achternstraße hindurch sieht. Zusammen mit der Ratsapotheke am Markt und der Hofapotheke in der Langen Straße gehört die Hirschapotheke von 1637 zu den ältesten Apotheken der Stadt. Das Gebäude ist allerdings viel jünger und im klassizistischen Stil 1804 erbaut worden. Die Fassaden zur Staustraße und zur Achternstraße hin sind mit gleichmäßig verteilten Fenstern versehen und die Apotheke besitzt ein sehenswertes klassizistisches Sandsteinportal von hoher bildhauerischer Qualität. Der darüberliegende goldene Hirsch stammt wohl aus dem späteren 19. Jh. Auf der Rückseite mit ihrem teilweise offenliegenden Fachwerk und den asymmetrisch verteilten Fenstern zeigt sich, dass hier ein älteres Fachwerkgebäude in das klassizistische Gebäude integriert worden ist.

Staustraße 1

18 WOHNHAUS KLINGENBERG S. 22

Schräg gegenüber der Hirschapotheke in der Achternstraße steht ein gelb geklinkertes Haus in Formen der Neorenaissance. Im Mittelerker ist über der Fenstergruppe des ersten Stockwerks eine Inschrifttafel angebracht, auf der zu lesen steht: „Die Haus ist er-

„Postpalast" aus der Kaiserzeit

baut MDCCCCLXXXX ein jar nach der Zerstoerung d. massiven Turms von St. Lamberti." Es handelt sich hier um das Wohnhaus von Ludwig Klingenberg, der den neuen Westturm der Lambertikirche 1873 bis 1876 errichtet hatte. Den ursprünglich massiv gemauerten Turmhelm entfernte man 1889, weil er Schäden aufwies. Dies verärgerte den Architekten dermaßen, dass er sich veranlasst sah, die Inschrift an seinem Haus anzubringen.
Achternstraße 51

19 EHEMALIGE HAUPTPOST S. 22

Man nennt sie auch „Postpaläste", die großen repräsentativen Postgebäude aus der Kaiserzeit. Die ehemalige Kaiserliche Oberpostdirektion und Oldenburger Hauptpost verdient diesen Namen ganz besonders. Mit seiner imponierenden Größe kann das Gebäude sogar dem Oldenburger Schloss Konkurrenz machen. Der aus drei Flügeln bestehende Bau mit Ecktürmen und hohem Telegrafenturm ist im Stil der Renaissance gestaltet. Durch die Haube und mit ihrer darauf sitzenden Laterne korrespondiert der Turm mit den Turmhelmen des Schlosses und des Lappan. Das Untergeschoss ist mit Sandsteinen verblendet, die oberen Geschosse und Giebel bestehen aus roten Ziegeln mit Akzentuierungen aus Sandstein. Jeder Flügel besitzt auf den Außenseiten einen Risaliten, der mit Schweifgiebeln bekrönt ist. Besonders prächtig gestaltet ist dieser auf der nach Norden weisenden Hauptfassade mit Vorhalle und Wappenschmuck. Über den Seitenportalen repräsentieren Skulpturen verschiedene Berufe. Das 1900 bis 1902 erbaute Postgebäude ist ein hervorragendes Beispiel für die Architektur des späten Historismus.
Poststraße 1

RUND UM DAS ZENTRUM

Im Mittelalter war Oldenburg, d.h. das heutige Zentrum, von einer Stadtmauer mit vorgelagertem Graben umgeben. Im 18. Jh., in der sogenannten Dänenzeit, wurde die Stadtmauer durch ein damals modernes Befestigungssystem aus steilen Erdwällen mit dreieckig vorspringenden Bastionen ersetzt, das aber militärtechnisch schon bald wieder überholt war. So ebnete man den Wall nach und nach wieder ein, was bis ins 19. Jh. dauern sollte. Mit dem Wegfall des die Stadt einschnürenden Festungswalls wurde der Weg frei für ihre Ausdehnung: Oldenburg wuchs über die ehemaligen Befestigungslinien hinaus. In der Nachbarschaft des Stadtkerns entstanden der Schlossgarten und neue Wohnviertel.

SEHENSWERTES

Schlossgarten Der englische Landschaftspark ist eine grüne Oase inmitten der Stadt. S. 54 1

Dobbenviertel Das gründerzeitliche Dobbenviertel gilt als vornehmstes Wohnviertel Oldenburgs. S. 54 2

Peter Friedrich Ludwigs Hospital Der frühere Krankenhausbau ist ein Glanzlicht der klassizistischen Architektur und heute Kulturzentrum der Stadt Oldenburg. S. 59 4

GASTRONOMIE

Restaurant Elena am Stadion Schnörkellos griechische Küche in familiärer Atmosphäre gegenüber dem Marschwegstadion. S. 109 24

Rossini Kreative mediterrane Küche. S. 109 25

KaffeeHaus Lindenallee Gemütlich, gediegen, modern und mit tollen Torten. S. 113 55

EINKAUFEN

Feinkost Ripken Der gute alte, echte Tante-Emma-Laden im Dobbenviertel. Urig! S. 122 30

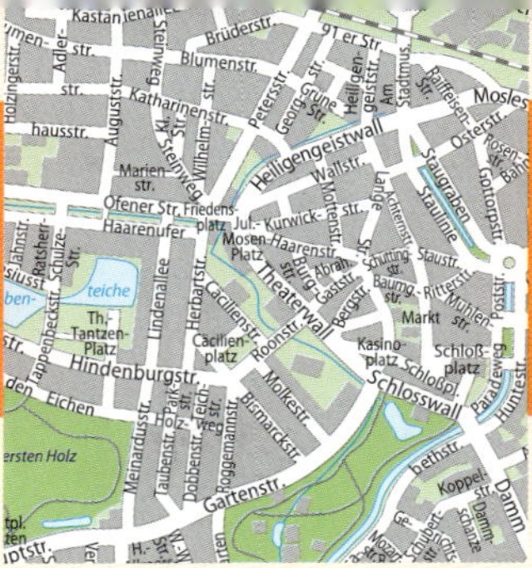

siehe große Karte S. 52

ÜBERNACHTUNG

Bed and Breakfast Lüders Hübsche, günstige Zimmer direkt am Schlossgarten. S. 130 11

KULTUR UND FREIZEIT

Theater Laboratorium Figurentheater der besonderen Art, auch mit menschlichen Mimen. S. 135 13

OLantis Huntebad Erlebnisbad mit Hallen- und Außenbereich, Großrutschen, Sauna und Gastronomie. S. 137 36

Im Dobbenviertel lässt es sich leben

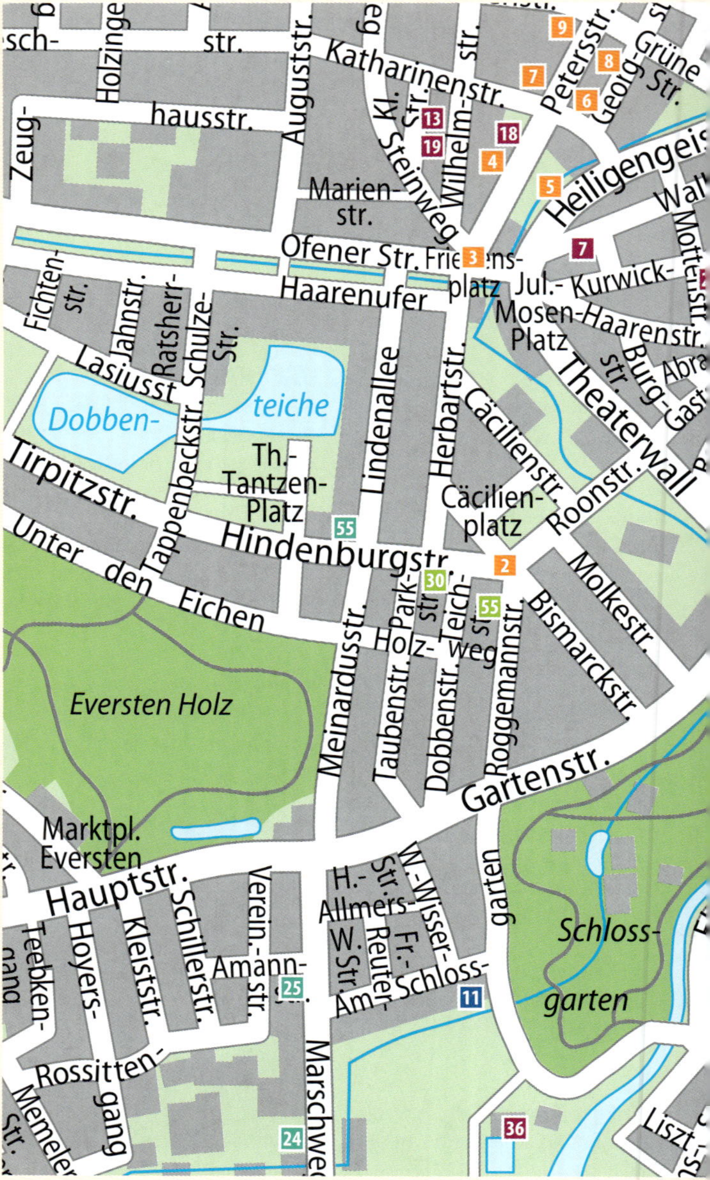

Holzinge
str.
Zeug-
hausstr.
Auguststr.
Katharinenstr.
Petersstr.
Georg-Grüne
Str.
Kl.
Str.
Steinweg
Wilhelm-
str.
Heiligengeis
Wall
Motten-
Marien-
str.
Ofener Str.
Friedens-
platz
Haarenufer
Jul.-
Mosen-
Platz
Kurwick-
Haarenstr.
Burg-
str.
Theaterwall
Fichten-
str.
Jahnstr.
Ratsherr-
Schulze-
Str.
Lasiusst
Dobben-
teiche
Th.-
Tantzen-
Platz
Lindenallee
Herbartstr.
Cäcilienstr.
Cäcilien-
platz
Roonstr.
Tirpitzstr.
Tappenbeckstr.
Hindenburgstr.
Unter den Eichen
Park-
str.
Teich-
str.
Holz-
weg
Molkestr.
Bismarckstr.
Meinardusstr.
Taubenstr.
Dobbenstr.
Roggemannstr.
Eversten Holz
Gartenstr.
Marktpl.
Eversten
Hauptstr.
Schillerstr.
Verein.-
str.
Kleiststr.
Hoyers-
Teebken-
Amann-
str.
H.-
Allmers-
Str.
W.-
Str.
Fr.-
Reuter-
W.-Wisser-
Am Schloss-
garten
Schloss-
garten
Rossitten-
gang
Memeler
Str.
Marschweg
Liszt-
9
8
7
6
13
19
18
4
5
3
7
55
2
30
55
25
11
24
36

SEHENSWERTES

1 Schlossgarten S. 54
2 Dobbenviertel S. 54
3 Friedensplatz S. 59
4 Peter Friedrich Ludwigs Hospital S. 59
5 Wallanlagen S. 60
6 St.-Peter-Kirche S. 61
7 Edith-Ruß-Haus für Medienkunst S. 61
8 Ehemaliges Lehrerseminar S. 62
9 Garnisonkirche S. 62

GASTRONOMIE

24 Restaurant Elena am Stadion S. 109
25 Rossini S. 109
55 KaffeeHaus Lindenallee S. 113

EINKAUFEN

30 Feinkost Ripken S. 122
55 Innis Laden S. 125

ÜBERNACHTUNG

11 Bed and Breakfast Lüders S. 130

KULTUR UND FREIZEIT

7 Oldenburger Computermuseum S. 134
8 Schlaues Haus S. 134
12 Kulturetage S. 135
13 Theater Laboratorium S. 135
14 Theater Hof/19 S. 135
18 Kulturzentrum PFL S. 136
19 Wilhem 13 Musik- und Literaturhaus S. 136
26 Amadeus Tanzspeicher S. 137
27 Cesar S. 137
28 Loft S. 137
29 Metro S. 137
36 OLantis Huntebad S. 137

1 SCHLOSSGARTEN S. 52

TOP-TIPP

Gleich gegenüber dem Schloss ließ Herzog Peter Friedrich Ludwig einen Schlossgarten anlegen. Nach Vorarbeiten ab 1804 und Rückschlägen in der Zeit der französischen Annexion Oldenburgs wurde der Schlossgarten seit 1814 systematisch ausgebaut. Er ist ein englischer Landschaftsgarten, der in grob nordsüdlicher Richtung zwischen der Mühlenhunte und der Gartenstraße liegt. Erweitert wurde er 1839 und 1850 unter Großherzog Paul Friedrich August. Die geschickte Anlage des Parks lässt seine geringe Breite kaum ahnen. Wer sich im Park befindet, fühlt sich wie in einer grünen Oase mitten in der Stadt. Mit seinem alten und exotischen Baum- und Pflanzenbestand, den ausgedehnten Wiesenflächen, seinen Gewässern und dem von Blumenbeeten geprägten Rosengarten lädt er zum Spazieren und Verweilen ein.

Mitten im Schlossgarten befinden sich der – von einer Mauer umgebene und nicht zugängliche – Küchengarten und das ehemalige Hofgärtnerhaus. Das Ensemble aus Blumengarten, Gewächshaus und Teepavillon bildet das Herzstück der Anlage. Der Teepavillon ist der Ersatz für den fehlenden Gartensaal des Oldenburger Schlosses. Weil das Schloss immer durch den inneren Damm (heute Straße „Schloßplatz") vom Schlossgarten getrennt war, besaß es keinen eigenen Gartensaal, von dem aus der Park direkt betreten werden konnte. Ersatz im Schloss war der Stracksaal mit reichem „blühenden" Stuckdekor und Landschaftsbildern des Hofmalers Ludwig Philipp Strack. So wurde der Teepavillon 1817 als „Gartensaal" mitten in den Schlossgarten hineingebaut. Sehenswert sind noch die klassizistischen Eingangspavillons am Damm und an der Gartenstraße sowie die „Blaue Brücke", eine Eisenkonstruktion aus dem Jahre 1852, die ihren Namen ihrer ausgefallenen Farbe verdankt.

Am stadtwärts gelegenen Ende des Schlossgartens direkt am Schlossteich steht das Elisabeth-Anna-Palais. Der Backsteinbau in Formen der Neorenaissance mit Fächerrosetten über den Fenstern und Schweifgiebel entstand am Ende des 19. Jh.s.

2 DOBBENVIERTEL S. 52

ENTDECKER-TIPP

Westlich an den Schlossgarten schließt sich, von diesem durch die Gartenstraße getrennt, das Dobbenviertel an. Dobben sind Feuchtwiesen, im Fall von Oldenburg in der Niederung der Haaren. Das Oldenburger Dobbenviertel besticht durch seinen einheitlichen gründerzeitlichen Charakter. Es ist seit 1876 trockengelegt, aufgehöht und planmäßig bebaut worden. Bei den Bewohnern des

► Lädt ein zu jeder Jahreszeit: der Schlossgarten

Die „Hundehütten“ im Dobbenviertel sind beliebte Altbaudomizile

Viertels handelte es sich durchweg um Vertreter des gehobenen und des Großbürgertums, die sich hier niederließen. Darüber hinaus waren es aber auch wohlhabende Altbauern vor allem aus der Wesermarsch, die sich hierher auf ihr Altenteil zurückzogen. Neben einigen Häusern, die mehrere Wohnungen enthielten, und einigen repräsentativen Villen dominieren Ein- und Zweifamilienhäuser. Interessant sind ferner nebeneinanderstehende Häuser, deren Grund- und Aufriss offensichtlich einfach gespiegelt worden ist.

Oldenburger Hundehütten Charakteristisch für Oldenburg ist das Oldenburger Giebelhaus, die sogenannte Hundehütte. Der Haustyp findet sich auch im Dobbenviertel, etwa in der Roggemannstraße und an der Parkstraße. Der Name mag wegen der Ähnlichkeit mit der typischen Hundehütte entstanden sein, könnte aber auch von „Huntehütte“ nach dem Oldenburger Hauptfluss „Hunte“ abgeleitet sein. Hierbei handelt es sich um ein zweigeschossiges Gebäude über einfachem rechteckigen Grundriss mit einem zur Straße orientierten Dreiecksgiebel. Das Obergeschoss hat einen Drempel, d.h., die Wände sind über die Geschossdecke hinaus gezogen, sodass der Dachansatz nicht direkt auf der Geschossdecke aufliegt: Dadurch ergibt sich eine verbesserte Raumnutzung.
Die Fassade ist durch vier gleich hohe Fenster im Hauptgeschoss und im Obergeschoss durch zwei entsprechende Mittelfenster und jeweils ein kleineres Seitenfenster

rechts und links davon geprägt. Der Eingang liegt an der Seite. Dieser Grundtyp kann vielfach variiert sein: Im Dobbenviertel haben die Hundehütten oft statt eines Kellers ein Souterrain, schließlich liegt das Viertel in einem Niederungsgebiet, was eine Anlage echter Keller erschwerte. Außerdem finden sich oft den Häusern vorgelagerte Altane, Balkone mit massivem durchfensterten Unterbau, sodass die klassische Fassadengliederung durchbrochen wird. Die Bauornamente – in der Regel von der Oldenburger Firma Heinrich Boschen hergestellt und im Katalog ausgesucht – variieren ohnehin ganz erheblich, sodass sich trotz aller Einheitlichkeit ein abwechslungsreiches Bild bietet.

Cäcilienplatz Zentrum des Dobbenviertels, von dem viele seiner Straßen ausgehen, ist der Cäcilienplatz, ein von Straßen gesäumtes Geviert mit kleinem Parkgelände. Seinen Namen trägt der Platz nach Großherzogin Cäcilie, einer geborenen Prinzessin von Schweden. Sie war die dritte Frau Großherzog Paul Friedrich Augusts und die Komponistin der Oldenburger Landeshymne „Heil dir, o Oldenburg".
Auf dem Platz wird heute gerne Boule gespielt. Dafür gibt es hier einen eigenen Flutlichtmast, der auch ein Spielen bei einsetzender Dunkelheit ermöglicht. Zwei Denkmäler auf dem Platz ehren bedeutende Oldenburger Persönlichkeiten, nämlich die Frauenrechtlerin Helene Lange (1848–1930) und den Philosophen Karl Jaspers (1883–1969), der im Dobbenviertel geboren wurde. Das Karl-Jaspers-Denkmal hat Christa Baumgärtel geschaffen, das Helene-Lange-Denkmal ist ein Werk von Udo Reimann.
Ursprünglich war der Cäcilienplatz für den Bau eines neuen Rathauses vorgesehen, ein Plan, der dann doch nicht zur Ausführung kam. Während das jetzige Große Haus des Oldenburgischen Staatstheaters 1891 bis 1893 nach der Brandzerstörung des Vorgängerbaus neu errichtet wurde, stand ein hölzernes Interimstheater auf dem Cäcilienplatz. An dessen westlicher Ecke steht ein Palais im Renaissancestil mit Eckturm. Das Gebäude hatte sich ein großherzoglicher Hofbeamter gebaut. Später war es Sitz der preußischen Gesandtschaft.

Neues Dobbenviertel Der neue Teil des Dobbenviertels westlich der Lindenallee wurde wegen einer großen oldenburgischen Landesausstellung 1905 erschlossen. Im Zentrum dieses Bereichs befinden sich das ehemalige Landtagsgebäude und das Staatsministerium der Architekten Paul Bonatz und Friedrich Eugen Scholer. Die beiden neoklassizistischen Bauten entstanden zwischen 1914 und 1917. Bemerkenswert sind ägyptisierende Elemente wie die Säulen mit Korbkapitellen und außerdem

die ionischen Säulen der Portikus des Landtagsgebäudes: Diese erheben sich über kleinasiatisch-ionischen Säulenbasen anstelle der sonst üblichen attischen Säulenbasen. Die beiden Dobbenteiche und die Dobbenwiese bilden in unmittelbarer Nachbarschaft der Staatsbauten einen grünen Kern des neuen Dobbenviertels. Gegenüber dem Staatsministerium steht der 91er-Löwe, ein Kriegerdenkmal für Angehörige des Infanterieregiments Nr. 91 von 1921. Er ist die verkleinerte Ausführung eines Entwurfs des Bildhauers Hugo Lederer für ein monumentales Bismarckdenkmal am Rhein, das nicht verwirklicht wurde.

Herbartplatz Die Cäcilienstraße führt entlang am Cäcilienplatz direkt auf die Herbartstraße und das Herbartgymnasium zu. Gegenüber der Schule steht in einem kleinen Park, dem Herbartplatz, das Denkmal des in Oldenburg geborenen Philosophen und Pädagogen Johann Friedrich Herbart (1776–1841). Die Herbartbüste des Bildhauers Heinrich Manger stammt aus dem Jahr 1876. Der bedeutende Gelehrte Herbart hatte Lehrstühle in Königsberg und dann in Danzig inne. Folgt man der Herbartstraße in nördlicher Richtung, gelangt man über die Ofener Straße zum Friedensplatz und zur Peterstraße.

◀ Bürgervilla in der Gartenstraße am Südrand des Dobbenviertels

3 FRIEDENSPLATZ S. 52

Im Kreuzungsbereich von Ofener Straße und Peterstraße liegt der Friedensplatz mit der Friedenssäule. Diese ist ein Denkmal für den Krieg von 1870/71 und wurde 1878 errichtet. Der die Säule bekrönende „Friedensengel" – die Kopie einer Victoria des Bildhauers Christian Daniel Rauch – wurde im Zweiten Weltkrieg von der Säule heruntergenommen und eingeschmolzen. Gegenüber der Friedenssäule liegt die methodistische Friedenskirche von 1894. Westlich der Peterstraße erstreckt sich das Haareneschviertel, ein dem Dobbenviertel ähnliches Gründerzeitviertel.

4 PETER FRIEDRICH LUDWIGS HOSPITAL S. 52

Um 1830 angelegt, zeichnet sich die Peterstraße durch eine Anzahl bedeutender Gebäude aus. Hervorzuheben ist hier das Peter Friedrich Ludwigs Hospital. Großherzog Paul Friedrich August ließ das Krankenhaus zu Ehren seines Vaters Herzog Peter Friedrich Ludwig zwischen 1838 und 1841 bauen. Es gehört zu den markantesten klassizistischen Gebäuden Oldenburgs: Das quer zur Straße liegende Hospital mit giebelbekrönter Säulenvorhalle und Laterne ist ein frühes Beispiel für den neuzeitlichen Krankenhausbau. Typologisch ist es eng verwandt mit dem St. Marien-Hospital im russischen St. Petersburg. 1967 diente das Krankenhaus in einem Fernsehfilm über die Oktoberrevolution als Kulisse. Heute beherbergt es das Kulturzentrum PFL der Stadt Oldenburg mit Veranstaltungsräumen und der Stadtbibliothek. Auch werden hier die Ratssitzungen des Oldenburger Stadtrates abgehalten.

Peterstraße 3 • Tel.: (0441) 2353061 • Mo.–Fr. 9–19 Uhr •

5 WALLANLAGEN S. 52

Nachdem der Festungswall der Stadt Oldenburg aufgegeben und eingeebnet worden war, gestaltete man den Bereich der Befestigungen als Anlage, die zusammen mit dem Stadtgraben wie ein grüner Gürtel die Innenstadt umgab. Teilweise ist die Anlage der modernen Infrastruktur zum Opfer gefallen, als man rings um den Altstadtkern Straßen anlegte, um den Verkehr um die Stadt herumzuführen. Im Bereich zwischen Peterstraße und Heiligengeistwall ist die alte Wallanlage noch am besten erhalten. Erkennbar sind hier sogar noch die dreieckig vorspringenden Bastionen der alten Befestigung. Eine Fußgängerbrücke über den Stadtgraben verbindet Heiligengeistwall und Peterstraße. Gegenüber vom Peter Friedrich Ludwigs Hospital steht anstelle der 1938 zerstörten Synagoge und der zugehörigen jüdischen Schule ein Mahnmal. Es besteht aus einem Inschriftenstein von 1963 und einem neuen Denkmal mit gestürzten Stelen, das der Oldenburger Bildhauer Udo Reimann 1990 gestaltet hat. Hinter dem Peter Friedrich Ludwigs Hospital befindet sich heute Oldenburgs neue Synagoge.

6 ST.-PETER-KIRCHE S. 52

Die katholische St.-Peter-Kirche wurde zwischen 1873 und 1876 errichtet und ist der bedeutendste neugotische Bau in Oldenburg. Die aus Backsteinen erbaute Hallenkirche wird im Innern von sandsteinernen Säulen in drei Schiffe geteilt und besitzt Kreuzgewölbe und über der Vierung ein Sterngewölbe. Die Kirche bietet einen perfekten gotischen Raumeindruck. In der Kirche sind neugotische Ausstattungsstücke wie Hochaltar, Taufbecken und Orgelempore vorhanden, die die Neugotik auch als Ausstattungsstil von Innenräumen erfahrbar werden lassen. Der auf Kupferplatten gemalte Kreuzweg im Stil der Nazarener findet sich auch in anderen Kirchen aus dieser Zeit wieder. Besonders eindrucksvoll ist der farbenprächtige Glasfensterzyklus von 1901 bis 1915 mit Szenen aus dem Neuen und dem Alten Testament. Die Glasfenster im Chor, deren mittleres die Apostel Petrus und Paulus zeigt, stammen dagegen aus der Zeit nach dem Zweiten Weltkrieg. 1972 stürzte der Turmhelm bei einem Orkan auf das Kirchenschiff und wurde durch einen verkürzten Helm ersetzt.

Peterstraße 20 • Gottesdienst So. 10.30/18.30 Uhr •

► Neugotik in Oldenburg: die St.-Peter-Kirche

Einzigartig: das Edith-Ruß-Haus für Medienkunst

7 EDITH-RUSS-HAUS FÜR MEDIENKUNST S. 52

ENTDECKER-TIPP

Das auf eine Stiftung der Oldenburger Lehrerin Edith Ruß (1919–1993) zurückgehende und nach ihr benannte Haus für Medienkunst ist eine sehr besondere, wenn nicht gar in Deutschland einzigartige Einrichtung. Das Haus ist der zeitgenössischen Medienkunst gewidmet und bietet in Oldenburg die Möglichkeit, in Sonderausstellungen und Veranstaltungen diese neue Kunstrichtung kennenzulernen und sich mit ihr auseinanderzusetzen.

Katharinenstraße 23 • Tel.: (04 41) 2 35 32 08 • www.edith-russ-haus.de • Di.–Fr. 14–18 Uhr, Sa.–So. 11–18 Uhr •

8 EHEMALIGES LEHRERSEMINAR S. 52

Als der alte Bau des Lehrerseminars an der Wallstraße zu klein wurde, errichtete man 1844/45 nach den Plänen des Architekten Hero Diedrich Hillerns ein größeres Seminargebäude an der Peterstraße. Zusammen mit dem Bibliotheksgebäude am Damm (heute Teil des Landesmuseums Natur und Mensch Oldenburg) steht es für den Rundbogenstil, der den Oldenburger Klassizismus ablöste. Im Gegensatz zum Bibliotheksbau, dessen Fenster und Portale durchweg mit Rundbögen versehen sind, finden sich beim Seminar nur im ersten und zweiten Geschoss Rundbögen, während das dritte Geschoss noch rechteckige Fenster aufweist. Interessant ist ein Anbau von 1901 mit Turnhalle und darüberliegender Aula.

Peterstraße 42

9 GARNISONKIRCHE S. 52

Am Ende der Peterstraße bildet die Garnisonkirche einen architektoni-

SPORT: AM BESTEN MIT BALL

Der Sport hat es leicht in Oldenburg. Man bewegt sich gerne, und für alle gibt es sportliche Betätigungsfelder satt. Es wird gelaufen, geschwommen, gefahren, gehüpft und gesprungen. Für Skater werden immer wieder mal Straßen gesperrt, und sogar Cricket wird hier gespielt. Als Zuschauer und Fans aber sehen es Oldenburger wie Oldenburgerinnen glasklar: Mit Ball muss es schon sein. Prall gefüllt ist die EWE ARENA, wenn die Männer der EWE Baskets dort spielen. So schnell und stark, dass sie sogar deutscher Meister wurden. Mindestens so erfolgreich sind die Handballdamen des VfL Oldenburg, die schon deutscher Pokalsieger wurden und Titelträger im Europacup. Das ganz große Herz schlägt aber auch in Oldenburg für den Fußball der Männer. Zu den Spitzenspielen des VfB Oldenburg pilgern sie scharenweise. Nachdem man vor etlichen Jahren fast mal in die 1. Bundesliga aufgestiegen wäre, würde man inzwischen schon durchdrehen vor Freude, wenn's der VfB denn irgendwann mal wieder in die zweite Liga schaffte.

schen Abschluss. Die 1901 bis 1903 in frühgotischen Formen errichtete Kirche hat der Berliner Architekt Jürgen Kröger entworfen, von dem auch der Hauptbahnhof im französischen Metz stammt. Der Kirchenraum wirkt besonders durch sein zentrales Sterngewölbe, das die großzügig konzipierte „Vierung" überspannt. Zum Besitz der Kirche zählt ein barocker Taufengel, der ursprünglich in die Dorfkirche von Kirchhatten im Landkreis Oldenburg gehörte. Bemerkenswert ist noch die Turmuhr mit Schlagwerk, die noch mechanisch ist und deren Gewichte mit einer Handkurbel aufgezogen werden müssen.

Oldenburg fiebert mit seinem VfB

BEIM PFERDEMARKT

Das nördlich von Oldenburgs Innenstadt gelegene Gelände zeichnet sich durch seine trockene Geestlage aus. Hier standen einer Besiedelung keine feuchten Niederungen oder Flussläufe entgegen. Im Mittelalter befand sich hier das Siechenhaus in sicherer Entfernung von der Stadt. Dazu gehörte eine Kapelle, die heute das vollständigste mittelalterliche Gebäude Oldenburgs darstellt. Der zugehörige Friedhof mit seinen historischen Grabmälern und dem herzoglichen Mausoleum ist eine kulturhistorische Perle. Zwischen Innenstadt und Friedhof liegt der Pferdemarkt mit historischer Platzrandbebauung. Amtsgebäude, Museen und Kultureinrichtungen sind am Pferdemarkt und in der Nachbarschaft angesiedelt.

SEHENSWERTES

Pferdemarkt Der größte Platz Oldenburgs wartet mit einer Randbebauung aus klassizistischen und historistischen Gebäuden auf. S. 68 1

Gertrudenfriedhof Ein kulturhistorisches Kleinod, das man gesehen haben muss. S. 71 5

GASTRONOMIE

!Sheli Köstliche, original indische Küche in modernem Ambiente jenseits jeglicher Folklore. S. 110 29

Tafelfreuden Biozertifizierte und schmackhafte Küche in anregender Atmosphäre. S. 111 37

Stadtgeschichte im Museum

siehe große Karte S. 66

Havana Leckerer, lockerer Kubaner am Pferdemarkt. S. 109 16

EINKAUFEN

Einrichtungen Uhlmann Hervorragend sortiertes Einrichtungshaus. S. 121 24

Rosenbohm Exklusives Einrichtungshaus mit großer Auswahl. S. 122 28

Weinhaus Kottkamp Seit mehr als 80 Jahren wird hier schon mit Wein und Whisky gehandelt. S. 124 42

ÜBERNACHTUNG

Hotel SPRENZ Nah beim Pferdemarkt mit modern, teils stylisch eingerichteten Zimmern. S. 130 9

KULTUR UND FREIZEIT

Casablanca Mehrfach prämiertes Programmkino mit drei Kinosälen. S. 136 23

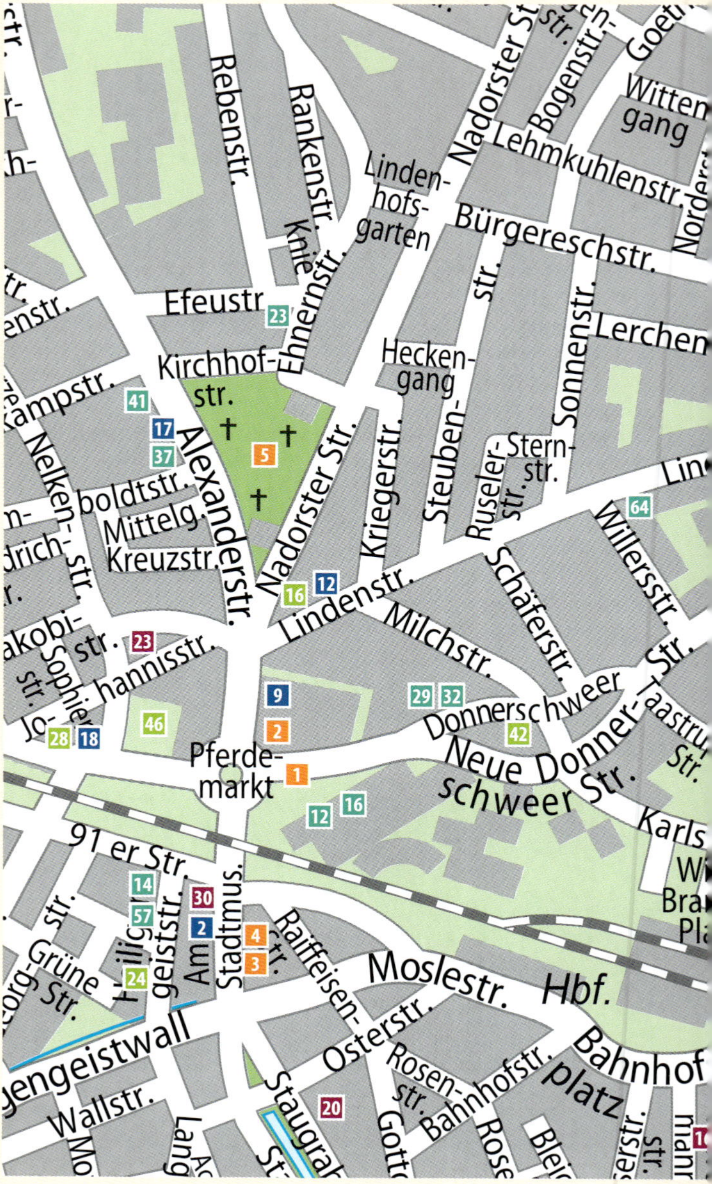
Rebenstr.
Rankenstr.
Nadorster Str.
Bogenstr.
Witten gang
Lehmkuhlenstr.
Linden- hofs- garten
Bürgereschstr.
Knie
Ehnernstr.
Efeustr.
23
Lerchen
Sonnenstr.
Kirchhof- str.
Hecken- gang
41
Kampstr.
17
37
Alexanderstr.
5
Nadorster Str.
Kriegerstr.
Steuben- str.
Ruseler- str.
Stern- str.
64
Willersstr.
boldtstr.
Mittelg.
Kreuzstr.
Nelken- str.
16
12
Lindenstr.
Milchstr.
Schäferstr.
23
hannisstr.
Sophien- str.
9
2
29
32
Donnerschweer Str.
42
46
28
18
Pferde- markt
1
Neue Donner- schweer Str.
Taastruper Str.
12
16
91 er Str.
14
57
30
2
4
3
Stadtmus.
Am
Heiligengeistwall
geiststr.
Grüne Str.
24
Raiffeisen- str.
Moslestr.
Hbf.
Karls
Osterstr.
Rosen- str.
Bahnhofstr.
Bahnhof platz
Wallstr.
Staugraben
20

SEHENSWERTES

1 Pferdemarkt S. 68
2 Landesbibliothek Oldenburg S. 69
3 Stadtmuseum S. 71
4 Horst-Janssen-Museum S. 71
5 Gertrudenfriedhof S. 71
6 EWE ARENA S. 75

GASTRONOMIE

12 Bei Franz S. 108
14 Caldero S. 108
16 Havana S. 109
23 Phönix S. 109
29 !Sheli S. 110
32 Zocalo S. 110
37 Tafelfreuden S. 111
41 Kashmir S. 111
57 Wiener Konditorei S. 113
64 Litfaß S. 114

EINKAUFEN

16 Willers Eisenwaren S. 120
24 Einrichtungen Ullmann S. 121
28 Rosenbohm S. 122
42 Weinhaus Kottkamp S. 124
46 Wochenmarkt am Pferdemarkt S. 124

ÜBERNACHTUNG

2 Acara Hotel S. 129
9 Hotel SPRENZ S. 130
12 Boarding House Oldenburg S. 130
17 Hotel Tafelfreuden S. 131
18 Rosenbohm Designhotel S. 131

KULTUR UND FREIZEIT

16 theater wrede S. 135
17 Weser-Ems-Halle S. 136
20 Staublau // Kreativraum S. 136
23 Casablanca S. 136
30 Polyester Klub S. 137

1 PFERDEMARKT S. 66

Der Pferdemarkt ist die größte Platzanlage Oldenburgs. Das wird heute durch den großen Verkehrskreisel in seinem östlichen Teil etwas verunklärt. Ab 1819/20 errichtete man am Pferdemarkt Militärgebäude. Die architektonisch bedeutendsten Bauten sind die ehemalige Militärakademie am Westrand des Platzes und die alte Infanteriekaserne im Nordwesten. Die Militärakademie von 1837/38 ist ein schlichter klassizistischer Bau mit Mittelrisalit und reliefgeschmücktem Dreiecksgiebel und Mittelbalkon, ein typisches Beispiel für den Oldenburger Klassizismus. Im 19. und frühen 20. Jh. war das Gebäude Sitz des Oldenburgischen Landtags, heute beherbergt es das Standesamt. Die ebenfalls klassizistische Infanteriekaserne von 1835/36 dient der Stadt Oldenburg heute als Neues Rathaus. Ihr gegenüber folgen

OLDENBURG ALS GARNISON

Seit dem 19. Jh. entwickelte sich Oldenburg zu einem Garnisonsstandort mit zahlreichen militärischen Einrichtungen. Nach dem Zweiten Weltkrieg wurde die Stadt sogar zur zweitgrößten Garnison in der Bundesrepublik Deutschland. Heute gibt es nur noch wenig Militär in Oldenburg, aber die alten Militärbauten stehen noch und fallen auf im Oldenburger Stadtbild. Am Pferdemarkt finden sich zwei klassizistische Beispiele aus der ersten Hälfte des 19. Jh.s: die ehemalige Militärakademie, heute Standesamt der Stadt Oldenburg, und eine frühere Infanteriekaserne, heute Neues Rathaus der Stadt. Zwei preußische Infanteriekasernen von 1883 und 1900, von denen die spätere jetzt die Landesbibliothek Oldenburg beherbergt, liegen ebenfalls am Pferdemarkt. In der benachbarten Peterstraße steht die 1903 vollendete Garnisonkirche. An der Ofener Straße sind das ehemalige Zeughaus von 1864 bis 1867 und die frühere Artilleriekaserne von 1845 bis 1847 Zeugen für Oldenburgs militärische Vergangenheit. Beide Gebäude sind schöne Architekturbeispiele für den Rundbogenstil. Sie werden von der Jade Hochschule und anderen öffentlichen Einrichtungen genutzt. Die ehemalige Hindenburgkaserne in Kreyenbrück und die Clausewitzkaserne in Ohmstede hat die Bundewehr nach 1989 aufgegeben. Sie dienen jetzt als Bürogebäude und als Wohnsiedlung. Die ebenfalls in dieser Zeit geschlossene Donnerschweekaserne und der Fliegerhorst warten auf eine Umnutzung. In einer Halle des Fliegerhorstes hatte das Oldenburgische Staatsheater von 2010 bis 2011 während der Renovierung des Großen Hauses seine Hauptspielstätte. Die Dragonerkaserne Osternburg ist schon 1980 abgebrochen und durch einen Verwaltungsneubau ersetzt worden. Alte Pferdeställe, die zum Kasernenkomplex gehörten, sind aber erhalten geblieben. Der Bereich der ehemaligen Dragonerkaserne dient weiterhin den Belangen der Bundeswehr. Die Henning-von-Tresckow-Kaserne im Stadtteil Bümmerstede ist dieser Tage die einzige als solche genutzte Kaserne Oldenburgs.

Die Landesbibliothek

zwei große preußische Kasernenbauten von 1883 und 1900: Die Militärhoheit des Großherzogtums Oldenburg war 1967 an Preußen übergegangen. Etwas abseits liegt die ehemalige Exerzierhalle, heute genutzt als atmosphärische Spielstätte des Oldenburgischen Staatstheaters.

2 LANDESBIBLIOTHEK OLDENBURG S. 66

Die westliche der beiden preußischen Kasernen am Pferdemarkt (Baujahr 1900) ist heute Sitz der Landesbibliothek Oldenburg. Gegründet hat die Bibliothek Herzog Peter Friedrich Ludwig im Jahr 1792. Mit ihren wertvollen historischen Beständen ist sie die bedeutendste wissenschaftliche Bibliothek im Oldenburger Land. Sammlungsschwerpunkt der Bibliothek sind geisteswissenschaftliche Werke sowie Werke zu regionalen und oldenburgischen Themen. Die Bibliothek veranstaltet in ihren Räumen regelmäßig sehr sehenswerte Ausstellungen zu geistesgeschichtlichen und historischen Themen. Ihr größter Schatz ist die bebilderte Handschrift des Oldenburger Sachsenspiegels von 1336.

Pferdemarkt 15 • Tel.: (0441) 799 2800 • www.lb-oldenburg.de • Mo.–Mi. 10–18 Uhr, Do. 10–19 Uhr, Fr. 10–17 Uhr, Sa. 9–12 Uhr •

P
Eingang
CITY CENTER
OLDENBURG

3 STADTMUSEUM S. 66

ENTDECKER-TIPP

Das Oldenburger Stadtmuseum ist aus der Stiftung eines wohlhabenden Oldenburger Bürgers, Theodor Francksen, hervorgegangen, der seine beiden gründerzeitlichen Villen seiner Heimatstadt zusammen mit seinen Kunstsammlungen vermacht hat. Diese beiden Villen mit ihren prachtvoll eingerichteten Räumlichkeiten bilden noch heute das Herzstück des Museums. An ihnen lässt sich die Wohnkultur von Oldenburgs Bürgertum um 1900 plastisch erfahren. Ergänzt werden die Sammlungen des Museums um die Bernhard-Winter-Stiftung mit Gemälden des Oldenburger Malers und Porträtisten Bernhard Winter (1871–1964) und die stadtgeschichtlichen Sammlungen. Hier veranschaulichen sechs Modelle die Stadtentwicklung Oldenburgs.

Am Stadtmuseum 4–8 • Tel.: (04 41) 2 35 28 86 • www.stadtmuseum-oldenburg.de • Di.–So. 10–18 Uhr •

4 HORST-JANSSEN-MUSEUM S. 66

Das Horst-Janssen-Museum ist dem Zeichner und Grafiker Horst Janssen und seinem Werk gewidmet. Horst Janssen hat sein Erwachsenenleben in Hamburg verbracht, ist aber in Oldenburg aufgewachsen und liegt auch hier begraben. Das Museum veranstaltet regelmäßige Sonderausstellungen zu Horst Janssen und anderen international bedeutenden Grafikern.

Am Stadtmuseum 4–8 • Tel.: (04 41) 2 35 28 91 • www.horst-janssen-museum.de • Di.–So. 10–18 Uhr •

◄ Ein Haus für den Zeichner und Grafiker Horst Janssen sowie für internationale Kunst

5 GERTRUDEN-FRIEDHOF S. 66

ENTDECKER-TIPP

Der Gertrudenfriedhof, der offiziell Gertrudenkirchhof heißt, geht auf den Friedhof des mittelalterlichen Siechenhauses der Stadt Oldenburg zurück. Im späten 18. Jh. wurde der alte Hauptfriedhof Oldenburgs an der St.-Lamberti-Kirche aufgehoben. Seine Stelle nahm dann der Gertrudenfriedhof ein. Am Haupteingang ist in einen Torpfeiler ein spätmittelalterlicher Inschriftenstein eingelassen, auf dem zu lesen steht: „O ewich is so lanck."

Der Friedhof ist Ruhestätte zahlreicher bedeutender Oldenburger Persönlichkeiten. Hier begraben liegen u. a. der Arzt und Begründer der biochemischen Heilmethode Dr. Wilhelm Heinrich Schüßler, der Dichter der Oldenburg-Hymne „Heil dir, o Oldenburg", Theodor von Kobbe, der Verleger und Erfinder der Bildpostkarte August Schwartz, der Verlagsgründer Gerhard Stalling, die Sopranistin Erna Schlüter und der Zeichner und Grafiker Horst Janssen.

Darüber hinaus finden sich auf dem Friedhof hervorragende Grab-

Städtisches Kleinod: der Gertruden-Friedhof, im Hintergrund das Mausoleum

denkmäler, darunter viele aus der Zeit des Klassizismus. Einige zeigen als Symbole der Ewigkeit eine Schlange, die sich in den Schwanz beißt (Ouroboros) und Schmetterlinge als Zeichen der Verwandlung hin zu einem neuen Leben. Bemerkenswert sind der Grabobelisk der Susanne von Halem, die Stele des Arztes Gerhard Anton Gramberg oder das Grabmal des Verlagsgründers Gerhard Stalling. Darüber hinaus gibt es noch barocke Grabplatten und Grabstelen, die teilweise später wiederverwendet worden sind. Charakteristisch für den Gertrudenfriedhof sind Grabkeller. Diese unterirdischen Grüfte sind über einen Schacht zugänglich, der von einer Grabplatte verschlossen wird.

Gertrudenkapelle Das einzige vollständige Gebäude aus dem Mittelalter in Oldenburg ist die Gertrudenkapelle. Sie steht gleich am Haupteingang des Gertrudenfriedhofs. Die kleine Kirche stammt aus dem 14. und 15. Jh. und diente ursprünglich als Kapelle des Siechenhauses, das sich außerhalb der mittelalterlichen Stadt befand. In der Kapelle haben sich Wandmalereien aus dem 15. Jh. erhalten, ein Weltgericht und Szenen aus dem Leben der Kirchenpatronin, der Heiligen Gertrud von Nivelles. Gertrud ist Fürsprecherin der Armen, Kranken und Pilger, weswegen sie als Patronin der Kapelle des Siechenhauses gewählt wurde. Der Gertrud-Gemälde-Zyklus ist eine absolute Seltenheit. Sehenswert sind auch ein Epitaph aus dem 17. Jh. und die Jugendstil-Chorfenster mit betenden Engeln, die der Bremer Künstler Georg Karl Rohde 1918 geschaffen hat.

Die Gertrudenkapelle

Mausoleum Das herzogliche Mausoleum ist der erste klassizistische Bau in Oldenburg. Herzog Peter Friedrich Ludwig hat es zwischen 1786 und 1790 für seine früh verstorbene Ehefrau Friederike, sich selbst und seine Nachkommen errichten lassen. Der klassizistische Charakter des Grabbaus geht ganz wesentlich auf die Initiati-

DIE GERTRUDENLINDE

Vor der Oldenburger Gertrudenkapelle stand einst eine alte Linde, um die sich folgende Sage rankt: Ein reicher Kaufmann hatte ein Waisenmädchen bei sich aufgenommen, auf das sein Sohn ein Auge warf. Weil das Mädchen ihn zurückwies, versteckte er Silberlöffel in ihrer Kammer und bezichtigte sie des Diebstahls. Dafür verurteilte man sie zum Tode. Auf dem Weg zum Richtplatz ergriff sie einen trockenen Lindenzweig. Bei der Gertrudenkapelle wollte sie noch einmal beten. Dies wurde ihr erlaubt und sie kniete sich hin. Dabei steckte sie den Lindenzweig mit dem dünnen Ende in den Boden und sagte, dass er aufblühen werde, so wahr sie unschuldig sei. Nach dem Tod des Mädchens wuchs der Zweig zu einem großen Lindenbaum heran und bekam eine breite untere Krone, die mit einem Balkengerüst gestützt werden musste. Der Kaufmannssohn gestand erst auf dem Sterbebett, dass das Mädchen unschuldig war. Er soll noch gesagt haben: „O ewich is so lanck", wie noch heute auf dem Inschriftenstein am Eingang zum Gertrudenfriedhof zu lesen ist. Die alte Linde stand bis 1934 vor der Kapelle und brach dann auseinander. Jetzt befindet sich dort ein Ableger der ursprünglichen Linde.

ve des Herzogs selbst zurück. Das Gebäude ist ein säulenloser kubusförmiger Bau mit Dreiecksgiebel und Satteldach, das durch seine Schlichtheit beeindruckt. Darin sind Oldenburger Herzöge und Großherzöge, ihre Frauen, Nachkommen und Kinder bestattet.

Grabmäler beim Mausoleum
In unmittelbarer Nachbarschaft östlich des Mausoleums befinden sich zahlreiche klassizistische Grabdenkmäler hoher Beamter des Oldenburger Hofes. Hervorzuheben sind der Hendorffsche Grabturm (1791), das kleine Mausoleum des Oberlanddrosten und Staatsministers Graf Holmer († 1806) und das Grabdenkmal für die von den Franzosen hingerichteten Kanzleiräte von Berger und von Finckh (1821–1824). Letzteres, ein Tempelchen mit darin stehendem Scheinsarkophag, ist auf Veranlassung Herzog Peter Friedrich Ludwigs errichtet worden. Die Architekturteile dieses qualitätsvollsten Grabdenkmals auf dem Friedhof bestehen aus Sandstein und Carraramarmor.
Kirchhofstraße

DER OLDENBURGER KRAMERMARKT

Oldenburgs „Fünfte Jahreszeit" ist der Kramermarkt, eines der größten Volksfeste Deutschlands. Traditionell findet es Ende September/Anfang Oktober statt. Beginn des Jahrmarktes ist jetzt immer ein Freitag, der Markt endet dann am Sonntag der folgenden Woche. Am ersten Sonnabend des Kramermarktes findet ein großer Festumzug durch Oldenburg statt, der Kramermarktsumzug. An ihm beteiligen sich zahlreiche Vereine und Gruppen mit geschmückten Wagen, aber auch zu Fuß. Mit viel Musik, Bonbonwerfen und guter Laune geht es dann an einer Menge von Schaulustigen vorbei durch die Stadt zum Festplatz an der Weser-Ems-Halle. Übrigens führt der letzte Oldenburger Graf, Anton Günther, den Festumzug höchstpersönlich an: Hoch zu Ross verkörpert ein Schauspieler den Gründer des Kramermarktes. Der Graf hatte das Oldenburger Marktwesen 1608 neu geordnet. War der Markt ursprünglich nur für den Warenverkauf vorgesehen, wie der Name „Kramermarkt" schon sagt, wandelte er sich seit dem 19. Jh. zunehmend zum Jahrmarkt mit Vergnügungscharakter. Der Kramermarkt hatte seinen ursprünglichen Platz auf dem Marktplatz der Stadt. Als er immer größer wurde, blieben die Händler hier, während die Schausteller 1877 mit ihren Geschäften auf den Pferdemarkt umzogen. Seit 1963 hat der gesamte Markt auf dem Festplatz neben der Weser-Ems-Halle eine neue Heimat gefunden. Heute dominieren ganz klar die Schaustellerbetriebe das Marktgeschehen. Ein weithin sichtbares Symbol des Kramermarktes ist das Riesenrad. Wenn es aufgebaut wird, kann die Vorfreude auf das Fest richtig beginnen. Am ersten Tag des Kramermarktes und am zweiten Freitag gibt es jeweils ein Feuerwerk. Am letzten Tag begeistert traditionell ein großartiges Abschlussfeuerwerk die Oldenburger und ihre Gäste.

EWE ARENA: Hier gibt es Oldenburger Top-Sport

6 EWE ARENA S. 66

Im Stadtviertel hinter dem Oldenburger Hauptbahnhof, etwas abseits vom Pferdemarkt, steht seit 2005 die EWE ARENA. Die Mehrzweckhalle dient in erster Linie als Austragungsort für Sportereignisse (Basketball und Handball). Sie wird aber auch für verschiedene andere Veranstaltungen genutzt. Je nach Bestuhlung bietet die Halle Platz für 2.300 bis 4.100 Zuschauer. Den verglasten Rundbau umgibt ein geböschter Ring, der begrünt ist. So erscheint die Arena wie auf einem Hügel thronend und bildet einen interessanten architektonischen Akzent. Die EWE ARENA ist an den Komplex der Weser-Ems-Halle angebunden, das größte Messe- und Veranstaltungszentrum Oldenburgs.

Maastrichter Straße 1 • www.ewe-arena.de •

DER DAMM UND OSTERNBURG

Über den Damm erreichten früher die Besucher aus Süden und Osten die Stadt. Zuvor kamen sie durch das vor Oldenburg gelegene Dorf Osternburg. Es hat eine eigene Dorfkirche und war im 19. Jh. ein beliebter Villenvorort Oldenburgs. Am Anfang des Damms befinden sich mit dem Galeriegebäude Augusteum und dem Prinzenpalais zwei kulturhistorisch bedeutende Bauten. Zusammen mit dem Schloss gehören sie zum Landesmuseum für Kunst und Kulturgeschichte, während das Landesmuseum Natur und Mensch am unteren Ende des Damms angesiedelt ist. Dort ist der Damm als Empfangsplatz gestaltet. Mit der Cäcilienbrücke befindet sich hier außerdem ein bedeutendes technisches Denkmal.

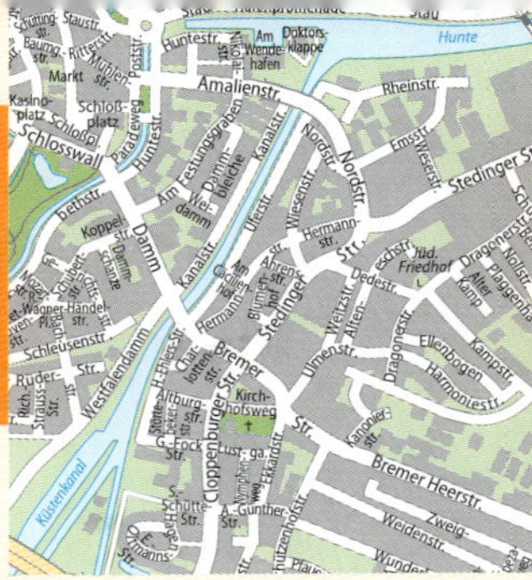

siehe große Karte S. 78

SEHENSWERTES

Prinzenpalais Der 1821 bis 1826 errichtete Bau ist heute Teil des Landesmuseums für Kunst und Kulturgeschichte. S. 80 2

Augusteum Als von Beginn an öffentliches Galeriegebäude zählt es zu den frühesten seiner Art in Deutschland. S. 81 4

Landesmuseum Natur und Mensch Naturkundliche wie archäologische Erlebniswelten. S. 83 5

Cäcilienbrücke mit Platzanlage Das technische Denkmal hat den Charakter eines Stadttores, hinter dem sich ein Empfangsplatz aus der Zeit des Klassizismus öffnet. S. 84 6

Dreifaltigkeitskirche Mit seiner historischen Innenausstattung vertritt das kleine Gotteshaus den Typus einer Dorfkirche mitten im Oldenburger Stadtgebiet. S. 86 8

GASTRONOMIE

Ristorante Al Ponte Cäcilie Direkt an der Cäcilienbrücke gibt's mit einem herrlichen Blick auf Hunte und Innenstadt gehobene italienische Küche. S. 109 19

Café am Damm Ökokuchen auf ollem Sofa. Besonders schön an Regentagen. S. 112 49

EINKAUFEN

Malis Änderungsschneiderei Freundlich, hilfsbereit, genau und schnell, auch für Rucksäcke und Geldbörsen. S. 126 68

ÜBERNACHTUNG

Hotel Wieting Familiengeführtes Haus, just modernisiert und renoviert, zentral, unweit des Küstenkanals. S. 130 10

Dreifaltigkeitskirche

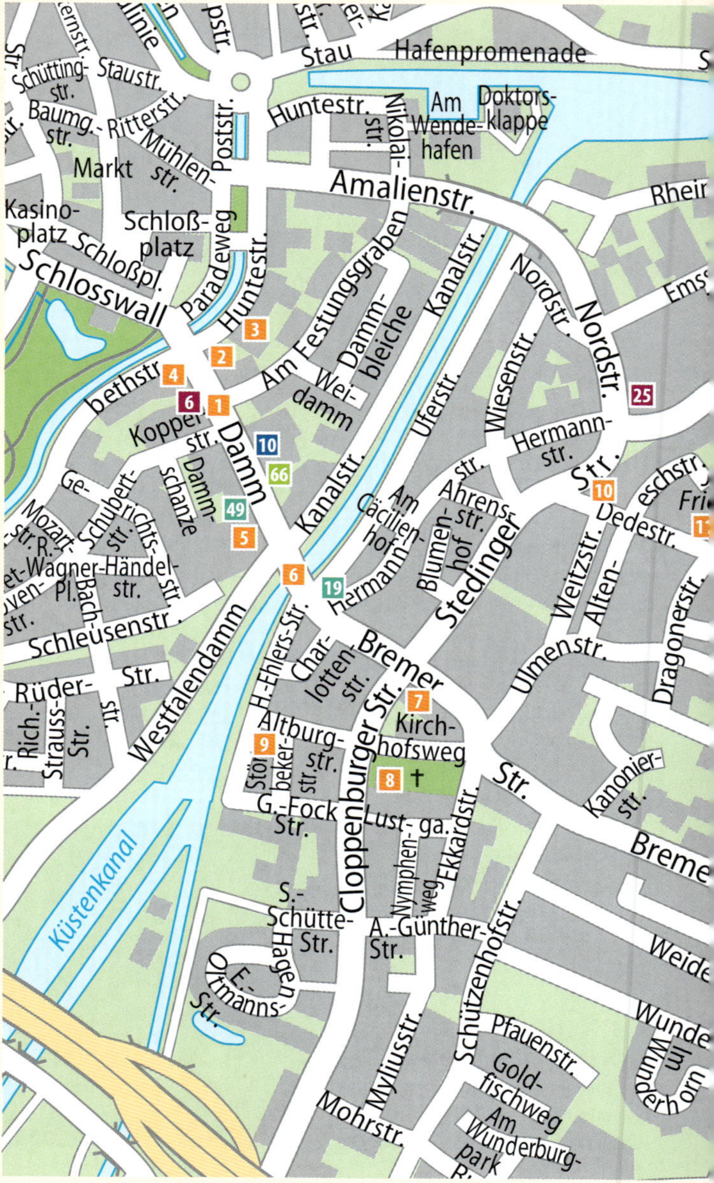
Hafenpromenade
Stau
Staustr.
Schütting-str.
Baumg.-str.
Ritterstr.
Mühlen-str.
Markt
Poststr.
Huntestr.
Nikolai-str.
Am Wende-hafen
Doktors-klappe
Amalienstr.
Rhein
Kasino-platz
Schloß-platz
Schloßpl.
Schlosswall
Paradeweg
Huntestr.
Am Festungsgraben
Damm-bleiche
Kanalstr.
Nordstr.
Nordstr.
Emss
bethstr.
Wei-damm
Wiesenstr.
Uferstr.
Hermann-str.
Kopper-str.
Damm
Damm-schanze
Ge-richts-str.
Schubert-str.
Mozart-str.
R.-Wagner-Pl.
Händel-str.
Bach-str.
Kanalstr.
Am Cäcilien-hof
Ahrens-str.
Blumen-hof
Hermann-str.
Stedinger Str.
Dedestr.
Weitzstr.
Alten-
Dragonerstr.
Schleusenstr.
Westfalendamm
H.-Ehlers-Str.
Char-lotten-str.
Bremer Str.
Ulmenstr.
Rüder-str.
Str.
Rich.-Strauss-Str.
Altburg-str.
Störtebeker-str.
Cloppenburger Str.
Kirch-hofsweg
Kanonier-str.
G.-Fock-Str.
Lust-ga.
Eckardstr.
Nymphen-weg
Breme
Küstenkanal
S.-Schütte-Str.
A.-Günther-Str.
Schützenhofstr.
Weide
Hagen
E.-Oltmanns-Str.
Myliusstr.
Pfauenstr.
Gold-fischweg
Wunde
Im Wunderhorn
Mohrstr.
Am Wunderburg-park
3
2
4
6
1
10
66
49
5
6
19
25
10
7
9
8

SEHENSWERTES

1 Damm S. 80
2 Prinzenpalais S. 80
3 Häuser an der Huntestraße S. 81
4 Augusteum S. 81
5 Landesmuseum Natur und Mensch S. 83
6 Cäcilienbrücke mit Platzanlage S. 84
7 Vorort Osternburg S. 86
8 Dreifaltigkeitskirche S. 86
9 Verwaltungsgebäude der 50er-Jahre S. 88
10 Heilig-Geist-Kirche S. 88
11 Jüdischer Friedhof S. 89

GASTRONOMIE

19 Ristorante Al Ponte Cäcilie S. 109
49 Café am Damm S. 112

EINKAUFEN

68 Malis Änderungsschneiderei S. 126

ÜBERNACHTUNG

10 Hotel Wieting S. 130

KULTUR UND FREIZEIT

6 Oldenburger Kunstverein S. 134
25 Alhambra S. 136

1 DAMM S. 78

Die Straße „Damm“ ist eng mit der Entstehung Oldenburgs verbunden: Im frühen 12. Jh. wurde der Damm angelegt als Querung über die Hunteniederung. Er war Teilstück eines Fernweges, der Oldenburg mit dem Osten und dem Süden verband und über Oldenburg nach Norden zur Küste weiterführte. Die Oldenburg, die zusammen mit dem Damm errichtet wurde, sperrte diesen Fernweg und kontrollierte ihn. Die Straße führte zunächst direkt durch die Burg hindurch, die deswegen zwei Tore besaß. Zuvor lag die Huntequerung weiter östlich bei Drielake. Die dortige Furt wurde mittels einer kleinen Befestigung überwacht, deren Reste später als „Heidenwall“ bekannt waren. Nach Ausgrabungen konnte die Errichtung dieser Befestigung mithilfe der Dendrochronologie in die Jahre 1032 und 1042 datiert werden. Der Damm verbindet heute Oldenburgs Altstadt mit dem Stadtteil Osternburg.

2 PRINZENPALAIS S. 78

Das klassizistische Prinzenpalais liegt an der Kreuzung Damm/Huntestraße. Der Bau wurde 1821 bis 1826 von Herzog Peter Friedrich Ludwig für zwei seiner Enkel errichtet und später noch einmal überarbeitet und um einen Festsaalanbau erweitert. Die Architektur des alten Gebäudeteils zeigt vor allem dorische Elemente. Die Hauptfassade zum Damm hin mit dem Haupteingang wird durch einen schlichten Dreiecksgiebel betont. Später nahm Großherzog Nikolaus Friedrich Peter, ein weiterer Enkel des Herzogs, noch als Erbgroßherzog im Palais Wohnung

Das Prinzenpalais

Bauschmuck am Augusteum

und lebte hier bis zu seinem Tod im Jahre 1900. Danach diente es verschiedenen Zwecken, war Lazarett, Schule, Behördensitz und ist heute Teil des Landesmuseums für Kunst und Kulturgeschichte Oldenburg. Besonders sehenswert ist neben der hier untergebrachten Galerie Neue Meister das pompejanische Zimmer, das frühere Audienzzimmer, dessen Holzvertäfelung im pompejanischen Stil gehalten ist.

Damm 1 • Tel.: (04 41) 2 20 73 00 • www.landesmuseum-oldenburg.niedersachsen.de • Di.–So. 10–18 Uhr •

3 HÄUSER AN DER HUNTESTRASSE S. 78

An der Huntestraße reihen sich sechs klassizistische Häuser des späten 18. Jh.s, die auf Veranlassung Herzog Peter Friedrich Ludwigs errichtet worden sind. Sie waren als architektonischer Rahmen für das gegenüberliegende Schloss gedacht. Es handelt sich um schlichte Gebäude mit sparsamen Architekturelementen. Ein Haus besitzt ein Walmdach, die übrigen Krüppelwalmdächer. Das dritte Haus von links hat als einziges einen klassizistischen Dreiecksgiebel zur Straße hin. In den Häusern wohnten u. a. Bedienstete des Oldenburger Hofes. Das Gebäude neben dem Parkplatz gegenüber vom Prinzenpalais stammt erst aus dem Jahr 1886, fügt sich aber architektonisch in den klassizistischen Bestand ein.

Huntestraße 1, 2–7

4 AUGUSTEUM S. 78

TOP-TIPP

Das Augusteum wurde von 1865 bis 1867 als Museums- und Ausstellungsgebäude errichtet. Als von Beginn an öffentliches Galeriegebäude zählt es zu den frühes-

MENSCH.
FISCH?
10.11.2012
7.4.2013

ten seiner Art in Deutschland. Seinen Namen trägt es zu Ehren des 1853 verstorbenen Großherzogs Paul Friedrich August. Der historistische Bau aus gelben Ziegeln folgt im Grundaufbau der Palazzoarchitektur von Florenz aus der Zeit der Renaissance. Besonders charakteristisch sind die zweibahnigen kreisbekrönten Rundbogenfenster des Obergeschosses. Die beiden Figuren über dem Hauptportal stellen die Malerei und die Bildhauerei dar. Unter dem Dachgesims verläuft ein Fries mit girlandenhaltenden Putten. Im Treppenhaus befindet sich ein Bilderzyklus des aus Oldenburg stammenden Malers Christian Griepenkerl von 1868 bis 1878, der zahlreiche Künstler aus verschiedenen Epochen seit der Antike und die Prometheussage darstellt. Das Augusteum gehört heute zum Landesmuseum für Kunst und Kulturgeschichte Oldenburg und beherbergt die Galerie Alte Meister.

Elisabethstraße 1 • Tel.: (0441) 220 7300 • www.landesmuseum-oldenburg.niedersachsen.de • Di.–So. 10–18 Uhr •

5 LANDESMUSEUM NATUR UND MENSCH S. 78

TOP-TIPP

Das heutige Landesmuseum Natur und Mensch Oldenburg ist aus dem Naturkundemuseum hervorgegangen. Im Volksmund ist es auch als „Museum am Damm" bekannt. Der rechts gelegene Altbau ist zwischen 1877 und 1879 in Formen der Renaissance mit Rundbogenfenstern entstanden. Besonders ins Auge fallen die beiden Sphingen, die die Freitreppe vor dem ehemaligen Hauptportal flankieren. Linker Hand befindet sich das von 1842 bis 1846 ursprünglich als Bibliothek errichtete zweite Hauptgebäude des Museums. Es ist der erste nach der Zeit des Klassizismus vollständig im sogenannten Rundbogenstil gehaltene Bau in Oldenburg. Vor ihm steht seit 2011 die Bronzeplastik „Daphne im Wind" der niederländischen Künstlerin Iris le Rütte.

Die Nymphe Daphne verwandelte sich auf der Flucht vor dem Gott Apollon in einen Lorbeerbaum. Der menschliche, sich in eine Pflanze verwandelnde Körper symbolisiert den Namen des Museums „Natur und Mensch". Das Museum besitzt neben völkerkundlichen Stücken, naturkundliche und archäologische Exponate aus dem Oldenburger Land. Besonders hervorzuheben sind die Moorleichen und Funde aus Großsteingräbern. Die Dauerausstellung präsentiert sich in einem modernen ganzheitlichen Konzept, das naturkundliche und archäologische Objekte verbindet.

Damm 38–44 • Tel.: (0441) 9244300 • www.naturundmensch.de • Di.–Fr. 9–17 Uhr, Sa.–So. 10–18 Uhr •

◄ Spannender Ort:
Landesmuseum Natur und Mensch

OLDENBURGER BRÜCKEN

Als Stadt am Wasser besitzt Oldenburg naturgemäß zahlreiche Brücken. Imposant ist die Cäcilienbrücke, eine Hubbrücke von 1927. Ihre etwas weiter nördlich gelegene Schwesterbrücke, die Amalienbrücke, ist leider abgebrochen und durch eine feste Brücke ersetzt worden. Von der neuen Amalienbrücke hat man aber eine besonders schöne Aussicht auf den Küstenkanal mit der Cäcilienbrücke und das nördliche Oldenburger Stadtgebiet. Östlich davon befindet sich im Bereich des Hafens die Eisenbahnbrücke. Die genietete Stahlkonstruktion von 1953 hat zwei fast 30 Meter lange bewegliche Teile mit Gegengewichten an den Außenseiten. Ist die Rollklappbrücke geöffnet, bieten die gehobenen Fahrbahnen einen großartigen Anblick. Neben der Eisenbahn kann die Brücke auf einem Seitensteg von Fußgängern und Fahrradfahren benutzt werden. Die Autobahnhochbrücke der A 29, die bei Blankenburg und Bornhorst die Hunte überquert, besitzt ebenfalls einen Fußgänger- und Fahrradweg. Der Weg auf die Brücke lohnt sich vor allem wegen des fantastischen Panoramablicks auf die ganze Stadt Oldenburg.

6 CÄCILIENBRÜCKE MIT PLATZANLAGE S. 78

Die Cäcilienbrücke von 1927 kommt mit ihren vier mächtigen Ziegeltürmen wie ein Stadttor daher. Sie ist im Stil des Klinkerexpressionismus gebaut, von dem es in Oldenburg noch weitere Beispiele gibt. Die Hubbrücke über den Küstenkanal hat in ihren Türmen Treppenhäuser, über die Fußgänger und Fahrradfahrer die gehobene Brücke überqueren können.

Stadtwärts vor der Brücke weitet sich der Damm zu einem Platz, der von den klassizistischen und historistischen Gebäuden, zu denen auch die des Landesmuseums Natur und Mensch und die des Niedersächsischen Landesarchivs/Staatsarchiv Oldenburg gehören, gesäumt wird. Die Verengung zur Stadt hin betonen zwei Kopfbauten. Die klassizistische Platzanlage wurde in den 1830er-Jahren unter Großherzog Paul Friedrich August geplant. Der Platz sollte die Besucher Oldenburgs empfangen, die aus Osten und Süden in die Stadt kamen. Jenseits der Cäcilienbrücke heißt die Fortsetzung des Damms „Bremer Straße“. Kurz hinter der Brücke biegt sie nach links ab. Dieser Knick ist ganz bewusst angelegt worden, weil die Besucher der Stadt diese erst sehen konnten, wenn sie den Knick hinter sich gelassen hatten. Dann bot sich der überraschende Blick auf das am Ende des Damms liegende Oldenburger Schloss.

Damm 37–38, 40–46

► Umschlagplatz: der Oldenburger Hafen

7 VORORT OSTERNBURG

S. 78

Heute nur bei genauem Hinsehen wahrnehmbar, war Osternburg früher eine eigene Gemeinde, die vor den Toren der Stadt Oldenburg lag. Die heutige Stadt Oldenburg hat in ihrer Entwicklung seit dem frühen 20. Jh. zahlreiche kleine Dörfer und Bauerschaften durch Eingemeindungen integriert, zu denen auch Osternburg gehörte. Das Bauerndorf besaß zudem seit dem 17. Jh. eine eigene Kirche. An der Cloppenburger Straße haben sich einige Häuser erhalten, denen der bäuerliche Charakter noch gut anzusehen ist. Im Bereich Bremer Straße/Ulmenstraße befindet sich der Osternburger Marktplatz. Im frühen 19. Jh. entstand direkt beim Dorf Osternburg ein Vorort mit mehreren Villen im spätklassizistischen Stil der Biedermeierzeit. Erhalten sind heute noch an der Bremer Straße das Haus des Baumeisters Lasius (1844) und das einstöckige Landhaus des Grafen von Münnich (1818) mit Mittelrisalit und Dreiecksgiebel. An der Kreuzung Bremer, Stedinger und Cloppenburger Straße liegt das Haus des Zimmermeisters Muck (1833) mit dorischen Säulen, die den Eingang flankieren. Gegenüber befindet sich das heute als evangelisches Gemeindehaus genutzte Wohnhaus des Architekten Heinrich Carl Slevogt (1824). An der Cloppenburger Straße liegt die große Villa des Kammerherrn von Lützow (1824) mit Mittelrisalit und Dreiecksgiebel. Auf der anderen Straßenseite befindet sich schräg gegenüber das „Haus sieben Eichen", das sich der Kammerherr von Rennenkampff hat bauen lassen (1824/25). Das im Kern klassizistische Haus ist später im neugotischen Stil überformt worden.

Bremer Straße 5, 15, 25, 28, Cloppenburger Straße 2/4, 9

8 DREIFALTIGKEITSKIRCHE

S. 78

Von 1614 bis 1616 ließ Graf Anton Günther in Osternburg eine eigene Pfarrkirche errichten. Der Legende nach, weil ihn das Holzschuhgeklapper störte, das die Osternburger verursachten, wenn sie am Oldenburger Schloss vorbei in die St.-Lamberti-Kirche zum Sonntagsgottesdienst gingen. Das Wappen des Grafen prangt noch heute über dem alten Haupteingang an der Westseite der Kirche. 1734 erweiterte man die Kirche um ein Joch nach Westen und baute einen Turm mit Mittelportal an.

Die Kirche fasziniert durch ihre intakte historische Innenausstattung. Das Altarretabel zeigt im Zentrum das letzte Abendmahl und Christus als Heiland der Welt. Hinzu kommen sechs weitere Bilder mit Szenen aus der Heilsgeschichte. Die mit Architekturelementen verzierte Kanzel von 1616 ist farbig bemalt und trägt die Wappen Graf Anton Günthers und

▶ Die Dreifaltigkeitskirche

seiner Frau Sophia Katharina, die er allerdings erst 1635 geheiratet hatte. Der Schalldeckel der Kanzel besteht aus Holz. Das Taufbecken in Formen der Spätrenaissance ist mit sogenanntem Beschlagwerk verziert und stammt aus der Erbauungszeit der Kirche. Es hat einen Messingeinsatz von 1667. Die Balkendecke und die Emporen hat ein Johann Kirchring d. J. 1634 und 1636 bemalt. Vielleicht hat er ebenfalls die Altargemälde geschaffen. Emporen dienen dazu, möglichst vielen Gottesdienstbesuchern Platz zu bieten und sind typisch für protestantische Kirchen der Region. Bemerkenswert ist die für eine evangelische Kirche eher ungewöhnliche Darstellung der Muttergottes mit Krone, Zepter und dem Jesuskind unter der Balkendecke. Über dem Altar findet sich hingegen die Lutherrose an der Decke.

Auf dem alten Osternburger Friedhof, auf dem die Dreifaltigkeitskirche liegt, haben sich einige historische Grabsteine erhalten. Bemerkenswert ist ein barocker Grabkeller aus dem frühen 18. Jh. direkt neben der Kirche.

Cloppenburger Straße • Gottesdienst Sa. 18 Uhr, So. 10 Uhr

9 VERWALTUNGSGEBÄUDE DER 50ER-JAHRE S. 78

Das 1954 bis 1955 erbaute ehemalige Verwaltungsgebäude des Bauunternehmens Ludwig Freytag ist ein besonders schönes Beispiel für das Bauen der Fünfzigerjahre. Das oberste Geschoss springt gegenüber den beiden unteren Geschossen leicht zurück. Turmartig sitzt das runde großflächig verglaste Treppenhaus rechts vom Eingang und gibt den Blick auf die im Innern befindliche Treppe frei.

Altburgstraße 17

10 HEILIG-GEIST-KIRCHE S. 78

Die katholische Heilig-Geist-Kirche entstand in den Jahren 1926 und 1927. Die Kirche folgt in ihrer Grundstruktur traditionellen Bau-

INDUSTRIESTANDORT OSTERNBURG-DRIELAKE

Oldenburgs historischer Industriestandort liegt im Osten der Stadt, in Osternburg-Drielake, wo im 19. Jh. eine Glashütte und eine Warpsspinnerei und Stärkerei entstanden waren. Das an der Hunte gelegene Werksgelände wird bis heute industriell genutzt, obwohl Glashütte und Spinnerei schon lange ihre Tore geschlossen haben. Zur industriellen Vergangenheit Drielakes gehörten und gehören auch die Werkssiedlungen der Glashütte mit den Namen „Kamerun", „Kreta", „Sansibar" und „Roter Strumpf". Der „Rote Strumpf" existiert heute nicht mehr und die alten Bezeichnungen sind heute fast vergessen. Die am authentischsten erhaltene Werkssiedlung im Bereich Nollstraße und Behrensstraße ist allerdings bis heute als „Kamerun" bekannt geblieben.

Der jüdische Friedhof mit Friedhofskapelle

formen. Hervorzuheben sind die im Innern sichtbaren parabelförmigen hölzernen Binder, die das Dach tragen. Sehenswert ist ferner ein Mosaik mit der Darstellung der Muttergottes mit dem Jesuskind.

Stedinger Straße 52 • Gottesdienst Do. 15.30 Uhr, So. 9.30 Uhr

11 JÜDISCHER FRIEDHOF

S. 78

Der jüdische Friedhof wurde 1814 vor den Toren der Stadt Oldenburg angelegt. Seine Ziegelmauer erhielt er 1866. Die architektonisch interessante Friedhofskapelle von 1920 besteht aus einem rechteckigen Unterbau und einem darüberliegenden durchfensterten Oktogon mit Zeltdach. Die Kapelle war 1938 beschädigt worden und wurde nach dem Zweiten Weltkrieg wieder hergerichtet. Der Friedhof mit zahlreichen historischen Grabsteinen wird heute nicht mehr benutzt. Sein Nachfolger ist der neue jüdische Friedhof auf dem städtischen Friedhof im Stadtteil Kreyenbrück.

Dedestraße

AUSFLÜGE IN DIE UMGEBUNG

Die Stadt Oldenburg liegt im Zentrum des Oldenburger Landes in der Norddeutschen Tiefebene. Die Landschaft lädt dazu ein, sie auch mit dem Fahrrad zu erkunden. Die ehemalige Sommerresidenz Rastede oder die Klosterruine Hude bieten hier reizvolle Ziele in der näheren Umgebung Oldenburgs. Am Zwischenahner Meer liegt der Kurort Bad Zwischenahn mit einem Rundwanderweg um den Binnensee. Das Museumsdorf Cloppenburg gehört zu den meist besuchten Museen Niedersachsens. Auch die friesischen Städtchen Varel und Jever, das preußische Wilhelmshaven, die Industriestadt Delmenhorst und die Städte Wildeshausen und Vechta haben manch überraschende Sehenswürdigkeit zu bieten.

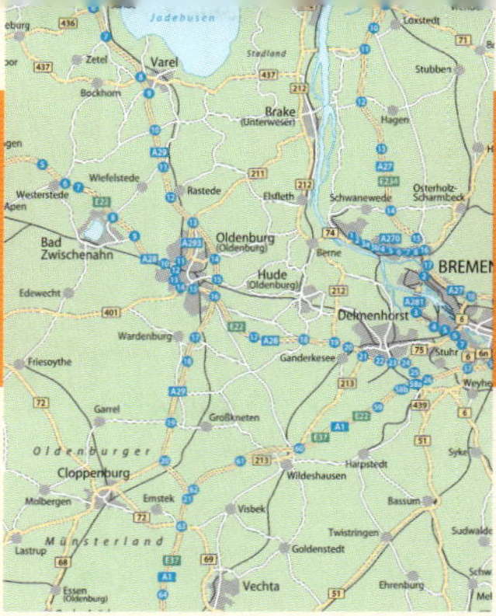

siehe große Karte S. 92

SEHENSWERTES

Rastede Schloss, Palais, Schlosspark und Pfarrkirche mit Krypta. S. 94 1

Varel Mittelalterliche Schlosskirche, Kuriositätenmuseum und der historische Küstenbadeort Dangast. S. 94 2

Jever Nicht nur wegen des dort gebrauten Bieres einen Besuch wert. S. 95 3

Klosterruine Hude Der romantischste Ort der Region. S. 97 5

Klosterruine Hude

Cloppenburg Das Museumsdorf ist eines der besucherstärksten Museen Niedersachsens. S. 101 10

GASTRONOMIE

Bauernhofcafé Heinrichshof Idyllisches Bauernhofcafé mit Tieren zum Anfassen. S. 115 74

Kalaboush Die kulinarische Preziose des Oldenburger Landes finden Gourmets im Bakumer Ortsteil Lüsche. S. 115 78

Janßen Hof Bauernhof und Café mit Hofladen, wo die Familie auch swingolfen kann. S. 117 91

Kurhaus Dangast Eines der beliebtesten Ausflugsziele. Wegen seines Charmes. Und wegen seines Rhabarberkuchens, der schon Legende ist. S. 117 92

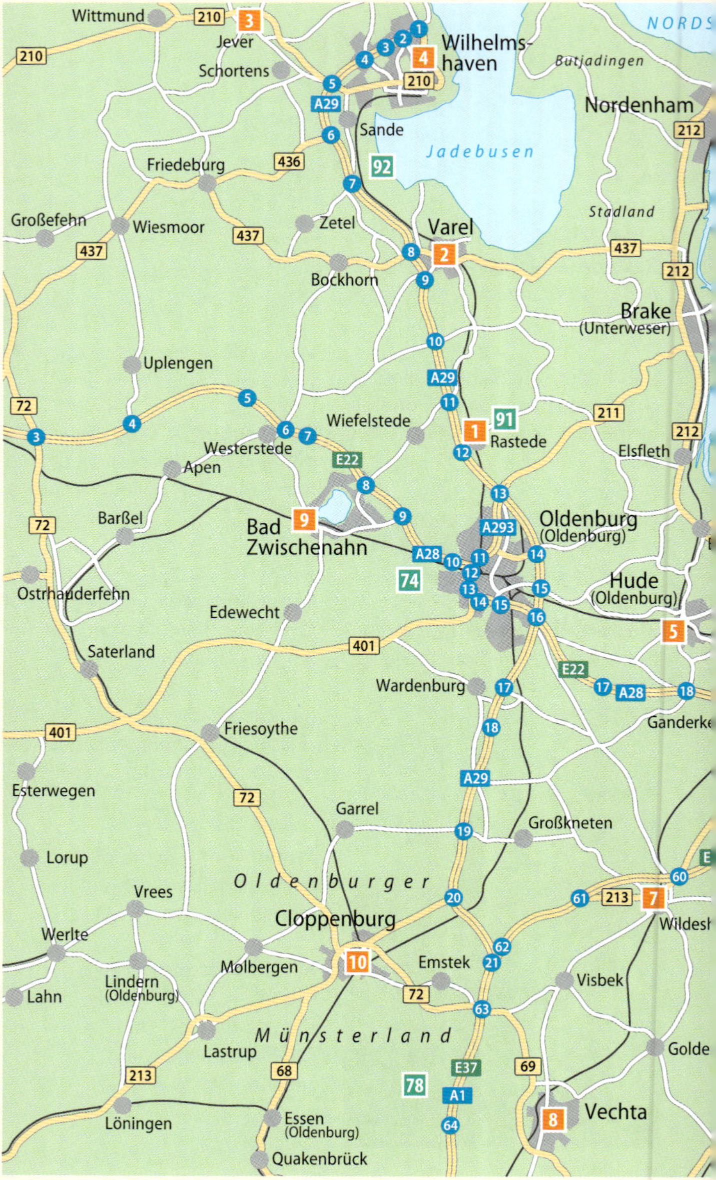
NORDS
Wittmund
Jever
Schortens
Wilhelms-
haven
Butjadingen
Nordenham
Sande
Jadebusen
Friedeburg
Großefehn
Wiesmoor
Zetel
Varel
Stadland
Bockhorn
Brake
(Unterweser)
Uplengen
Wiefelstede
Rastede
Westerstede
Apen
Elsfleth
Barßel
Bad
Zwischenahn
Oldenburg
(Oldenburg)
Hude
(Oldenburg)
Ostrhauderfehn
Edewecht
Saterland
Wardenburg
Ganderke
Friesoythe
Esterwegen
Garrel
Großkneten
Lorup
Vrees
Oldenburger
Cloppenburg
Wildesh
Werlte
Molbergen
Emstek
Visbek
Lahn
Lindern
(Oldenburg)
Lastrup
Münsterland
Golde
Vechta
Löningen
Essen
(Oldenburg)
Quakenbrück
A29
A28
A293
A1
E22
E37

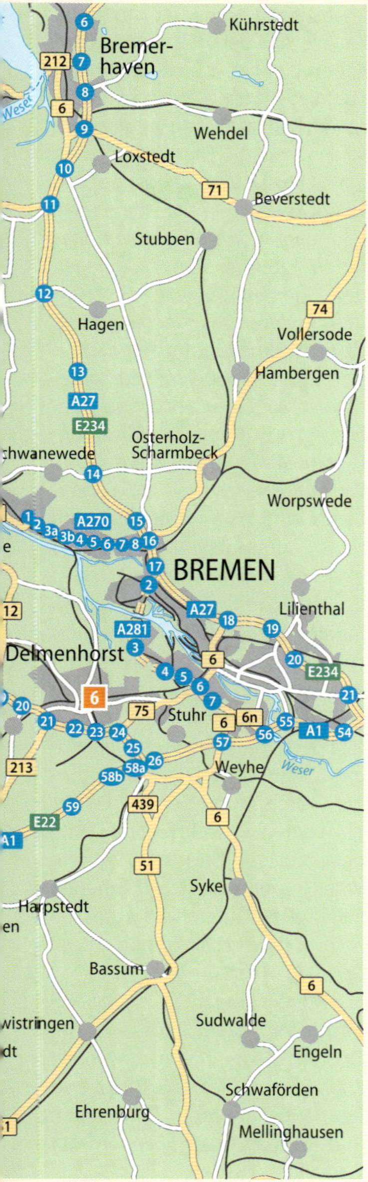

SEHENSWERTES

GASTRONOMIE

1 SOMMERRESIDENZ RASTEDE

S. 92

Die Sommerresidenz der Herzöge und Großherzöge von Oldenburg ist auch historisch eng mit der oldenburgischen Geschichte verbunden. Die St.-Ulrichs-Kirche, deren Ursprünge auf das Jahr 1059 zurückgehen, besitzt als einzige Kirche des Oldenburger Landes eine Krypta. Diese soll die Privatkapelle des Grafen Huno und seiner Frau Willa gewesen sein. Hunos Neffe Egilmar ist der erste namentlich bekannte Vorfahr der Oldenburger Grafen. An der Stelle eines Benediktinerklosters, dessen Kirche 1091 geweiht worden ist, steht heute das Schloss Rastede. Der im Kern barocke und dann klassizistisch überformte Bau des 18./19. Jh.s ist noch heute im Besitz der Herzöge von Oldenburg und nicht zu besichtigen. Dagegen ist der weitläufige Schlosspark bis auf den Kernbereich am Schloss frei zugänglich. Das Erbprinzenpalais „Palais Rastede", gegenüber vom Schloss im eigenen Palaisgarten gelegen, bietet eine Dauerausstellung zur Sommerresidenz Rastede und wechselnde Kunstausstellungen.

Nordwestbahn Richtung Wilhelmshaven, Bahnhof Rastede

2 VAREL

S. 92

Die Stadt Varel besitzt in der mittelalterlichen Schlosskirche aus dem 12. Jh. und ihrer Ausstattung aus dem frühen 17. Jh. einen wirklichen Schatz. Das Ensemble aus Altarretabel, Taufstein und Kanzel, das der Hamburger Bildhauer Ludwig Münstermann im Stil der späten Renaissance geschaffen hat, ist von ungewöhnlicher Pracht. Die Ausstattung der Schlosskirche gehört zu den Hauptwerken Münstermanns, den man auch nach seinem älteren Würzburger Künstlerkollegen den „Riemenschneider des Nordens" nennt. Das Vareler Schloss ist nicht erhalten. Im Heimatmuseum gibt es neben vielem anderen ein Modell zu besichtigen. Sehenswert ist ferner die Windmühle von 1847/48 mit Ausstellung. Für Oldtimerfreunde ein Leckerbissen sind zwei in Varel gebaute Hansa-Automobile von 1919 und 1924. Sie stehen in einer Remise in der Nachbarschaft der Mühle. Am Rande Varels liegt das Waisenhaus von 1671. Der architektonisch bedeutende Bau, der den Übergang von der Renaissance zum Barock markiert, ist von einem illegitimen Sohn des letzten Oldenburger Grafen Anton Günther errichtet worden. Er wollte seine Dankbarkeit zeigen dafür, dass ihn sein Vater in den Adelsstand erheben ließ und mit Gütern versorgte. Seine und seiner Nachkommen Residenz lag in Varel.

Ein echter Geheimtipp ist das Kuriositätenmuseum Spijöök im Ortsteil Vareler Hafen, etwa drei Kilometer von Varels Ortskern entfernt. Hier werden Kuriositäten und Seemannsgarn in origineller Weise thematisiert.

Der Hafen von Dangast

Zur Stadt Varel gehört der sechs Kilometer entfernte historische Küstenbadeort Dangast am Jadebusen mit seinem alten Kurhaus von 1820. Dangast ist auch als Künstlerkolonie berühmt. Im frühen 20. Jh. arbeiteten hier Karl Schmidt-Rottluff, Erich Heckel und Max Pechstein, Angehörige der Künstlergruppe „Brücke". Im ehemaligen Wohnhaus des Malers Franz Radziwill finden regelmäßig Sonderausstellungen statt. Bis heute arbeiten Künstler in Dangast. Einige ihrer Werke sind in Dangast zu besichtigen.

Nordwestbahn Richtung Wilhelmshaven, Bahnhof Varel. Busverbindung nach Dangast

3 JEVER S. 92

Klein, aber ungemein fein ist Jever, eine Stadt, die nicht nur wegen des dort gebrauten friesisch herben Bieres einen Besuch verdient. Jevers Altstadtgassen laden ein zum Bummeln und zum Verweilen. Der Ursprung des dortigen Schlosses liegt in einer alten friesischen Häuptlingsburg. Als Landmarke überragt der Schlossturm, der alte Bergfried der Burg, mit seiner barocken Zwiebelhaube von 1736 weithin sichtbar Stadt und Land. Heute beherbergt das Schloss das Schlossmuseum Jever. Unbedingt sehenswert ist die geschnitzte Renaissancedecke aus dem 16. Jh. im Audienzsaal des Schlosses. In dieselbe Zeit gehört das wirklich großartige, aufwendig verzierte Grabmal des letzten Häuptlings von Jever, Edo Wiemken, in einem Choranbau der Stadtkirche. In unmittelbarer Nachbarschaft der Kirche steht das historische Rathaus aus dem frühen 17. Jh. Das alte Amtshaus und das Haus der Ge-

treuen gehören ebenfalls zu den Sehenswürdigkeiten Jevers. Einen Besuch lohnt auch die Blaudruckerei im Kattrepel, wo noch heute ein traditionelles Handwerk gepflegt wird.

Nordwestbahn, Bahnhof Jever

4 WILHELMSHAVEN S. 92

Angelegt als preußischer Kriegshafen, bietet Wilhelmshaven bis heute das Bild einer preußischen Stadt im Oldenburger Land. Die Architektur in der Südstadt erinnert tatsächlich an Berlin und ist urbaner als etwa in Oldenburg. Das Küstenmuseum, das UNESCO-Weltnaturerbe Wattenmeer Besucherzentrum, das Aquarium am Südstrand und das Deutsche Marinemuseum mit seinen begehbaren Großexponaten machen die maritime Welt am Jadebusen direkt erfahrbar. Die Drehbrücke „Kaiser-Wilhelm-Brücke", das Wahrzeichen der Stadt, ist ein imponierendes technisches Denkmal. Das 1929 vollendete Rathaus Wilhelmshavens gehört zu den bedeutendsten Beispielen des Klinkerexpressionismus in Norddeutschland.

Nordwestbahn, Bahnhof Wilhelmshaven

5 KLOSTERRUINE HUDE S. 92

Die Huder Klosterruine ist ein besonders romantischer Ort. Das Zisterzienserkloster in Hude ist im 13. Jh. aus dem etwa acht Kilometer Luftlinie entfernten Bergedorf hierher verlegt worden. Die gotische Klosterkirche war die größte Kirche des Oldenburger Landes. Im 16. Jh. wurde das Kloster zerstört. Von der Klosterkirche stehen allerdings noch eindrucksvolle Reste. Die Torkapelle des ehemaligen Zisterzienserklosters mit Wandmalereien und einem Schnitzaltar aus dem Mittelalter ist erhalten und dient als evangelische Gemeindekirche. Das frühere Abtshaus ist heute das Huder Gutshaus und nicht zu besichtigen. In einem Ausstellungsraum im Klosterbezirk gibt es u.a. Modelle der Klosteranlage zu sehen. Sehenswert ist schließlich noch die ehemalige Klostermühle.

www.klosterhude.de • Regionalzüge Richtung Bremen, Bahnhof Hude

◀ Ruinenromantik: die ehemalige Klosterkirche in Hude

6 DELMENHORST S. 92

Heute ist Delmenhorst von seiner Rolle als Industriestadt geprägt. Dem trägt das Nordwestdeutsche Museum für Industriekultur auf der Nordwolle Rechnung. Von ihrer Vergangenheit als Nebenresidenz der Oldenburger Grafen haben sich dennoch Reste in der Stadt erhalten. Der Standort der im 18. Jh. abgebrochenen Burg Delmenhorst beeindruckt mit dem Grabensystem der Graftanlagen, die einst die stark befestigte Wasserburg schützten. Im Stadtmuseum werden Architekturteile der Burg Delmenhorst und Modelle gezeigt. Unter der evangelischen Stadtkirche zeugt die Grafengruft von der Vergangenheit. Bedeutend ist das Jugendstilrathaus von Delmenhorst mit Wasserturm, sehenswert sind außerdem die Städtischen Kunstsammlungen.

Regional- und Fernzüge, Bahnhof Delmenhorst

7 WILDESHAUSEN S. 92

Die älteste Stadt des Oldenburger Landes kann – immer bezogen auf das Oldenburger Land – noch mit weiteren Superlativen aufwarten: Als einzige besitzt sie hier noch sichtbare Teile ihrer ehemaligen Befestigung in Gestalt des Stadtwalls, als einzige hat sie noch ein mittelalterliches Rathaus, das mit seinem Treppengiebel den Marktplatz beherrscht. Die Stiftskirche St. Alexander aus dem 12./13. Jh. ist die größte erhaltene Kirche, der Burghügel am anderen Ende der Stadt der größte des Oldenburger Landes. In der Umgebung Wildeshausens sind bedeutende vorgeschichtliche Denkmale wie das Pestruper Gräberfeld, das größte zusammenhängende Hügelgräberfeld Nord-Mitteleuropas, oder die Kleinenkneter Steine zu besichtigen.

Regionalzüge oder Busverbindung, Bahnhof/Busbahnhof Wildeshausen

8 VECHTA S. 92

Berühmt ist Vechta für seinen Stoppelmarkt, eines der wichtigsten Volksfeste der Region, das jährlich im Spätsommer stattfindet. Darüber hinaus steht in Vechta mit der Propsteikirche eine

Zeughausmuseum Vechta

Bad Zwischenahn: Frühling im Park der Gärten

der wenigen erhaltenen mittelalterlichen Kirchen des Oldenburger Münsterlandes. Ausgestattet ist die Kirche aber vorwiegend im Stil des Barock. Zum Kirchenschatz gehören zwei mittelalterliche Armreliquiare des Heiligen Alexander, die aus Wildeshausen hierhergekommen sind, und eine barocke Strahlenkranzmadonna. Das Museum im Zeughaus hat sich auf mittelalterliche Erlebniswelten spezialisiert. Das Zeughaus ist Teil der teilrekonstruierten Zitadelle aus dem 17. Jh. In unmittelbarer Nähe der Zitadelle wird ein mittelalterliches Eins-zu-eins-Burgmodell auf drei Inseln geschaffen, das sich an der ehemaligen Burg Vechta orientiert.

Nordwestbahn, Bahnhof Jever

9 BAD ZWISCHENAHN S. 92

Idyllisch am Zwischenahner Meer, der „Perle des Ammerlandes", gelegen, ist der Ort heute durch den Kurbetrieb geprägt. Im Ortsbereich lädt die Kurpromenade am Ufer des Binnensees zum Flanieren ein. Die mittelalterliche St.-Johannes-Kirche mit ihrer historischen Ausstattung liegt direkt am Zwischenahner Meer. Das Freilichtmuseum „Zwischenahner Bauernhaus" besteht aus 14 Gebäuden, zu denen auch eine Windmühle gehört. Um das Zwischenahner Meer herum führt ein Rundweg, der ungefähr zwölf Kilometer lang ist. Am Weg liegen die Reste der Motte Elmendorf, einer mittelalterlichen Turmhügelburg-

anlage mit drei Hügeln, und der Park der Gärten: Das Gartenkulturzentrum Niedersachsen bietet mit seinen mehr als 40 Themengärten ein pures Gartenerlebnis.

Regional- und Fernzüge Richtung Leer/Norddeich, Bahnhof Bad Zwischenahn

10 CLOPPENBURG S. 92

Am Rand der Cloppenburger Altstadt, in Krapendorf, erhebt sich die St.-Andreas-Kirche. Die Wandpfeilerkirche besitzt noch eine geschlossene barocke Ausstattung des frühen 18. Jh.s mit Hochaltar, Nebenaltären, Kanzel und Kommunionbank. Am anderen Ende von Cloppenburgs Innenstadt befinden sich beim Amtsgericht und dem klassizistischen Amtshaus die Reste der Cloppenburg. Zu sehen ist hier das Fundament des Rundturms der Burg mit Mauerresten.

In Cloppenburg liegt das Museumsdorf Cloppenburg. Mit mehr als 50 Gebäuden aus der Zeit seit dem 16. Jh., die hier originalgetreu wiederaufgebaut wurden, gehört das Museumsdorf zu den besucherstärksten Museen Niedersachsens. Bauernhäuser, Scheunen, Mühlen, Dorfschule, eine Dorfkirche, ein Herrenhaus, ein – auch heute bewirtschafteter – Dorfkrug und mehr bieten einen einzigartigen Einblick in bäuerliches Wohnen, Leben und Arbeiten sowie altes Handwerk in Niedersachsen.

Bei Cloppenburg befindet sich mit dem Ortsteil Bethen der nördlichste Marienwallfahrtsort Europas. Bethen ist etwa vier Kilometer von der Cloppenburger Innenstadt entfernt. Die Gnadenkapelle aus dem 17. Jh. birgt das spätmittelalterliche Gnadenbild der Schmerzhaften Muttergottes von Bethen. Die Wallfahrtskirche ist in neubarocken Formen nach dem Ersten Weltkrieg errichtet worden.

Nordwestbahn Richtung Osnabrück, Bahnhof Cloppenburg

◄ Kappenwindmühle im Museumsdorf Cloppenburg

KLEINE STADTGESCHICHTE

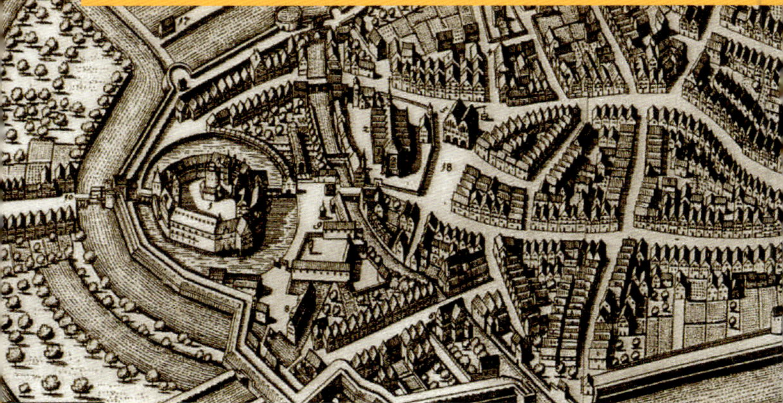

1032 Errichtung einer Befestigung zur Kontrolle der Huntefurt bei Drielake an der Straße zur Nordseeküste („Heidenwall“).

1042 Erweiterung der Befestigung an der Drielaker Huntefurt.

nach 1100 Verlegung der Huntequerung von Drielake nach Westen, Bau der Oldenburg zur Kontrolle des neuen Hunteübergangs.

1108 In einer Urkunde wird Oldenburg zum ersten Mal genannt. Hier sollen Boten des Klosters Iburg als Lohn für Gebete für das Seelenheil der Familie des Grafen Egilmar jährlich 90 Bund Aale abholen.

1149 Zum ersten Mal wird ein Graf (Christian I.) in einer Urkunde als „Graf von Oldenburg“ bezeichnet.

1167 Belagerung und Einnahme der Oldenburg durch Heinrich den Löwen.

1237 Erster Beleg für einen Leutpriester in Oldenburg und damit Hinweis auf die St.-Lamberti-Kirche.

um 1270 Brand der Siedlung Oldenburg infolge eines Junkeraufstandes.

1345 Oldenburg erhält das Stadtrecht.

1377 Die St.-Lamberti-Kirche wird zur Stiftskirche erhoben.

1448 Graf Christian von Oldenburg wird König von Dänemark.

1467/68 Bau des Lappan als Glockenturm der Heilig-Geist-Kapelle.

1527/29 Reformation in Oldenburg.

1573 Evangelische Kirchenordnung in Oldenburg.

1607 Beginn des Umbaus der alten Oldenburg zum Renaissanceschloss.

1608 Gründung des Oldenburger Kramermarktes durch Graf Anton Günther.

1623 Der Feldherr der katholischen Liga, Tilly, bedroht Oldenburg, kann aber von Graf Anton Günther dazu bewegt werden, die Stadt zu verschonen.

1667 Nach dem Tod des letzten Oldenburger Grafen Anton Günther fällt die Grafschaft Oldenburg an den dänischen König (zunächst anteilig, dann vollständig 1676).

1676 Infolge von Blitzeinschlägen an drei Stellen fallen große Teile des Stadtgebietes einem verheerenden Brand zum

Opfer. Der Wiederaufbau erfolgt auf dem mittelalterlichen Grundriss.

1709 Der Lappan bekommt seine stadtbildprägende „welsche Haube".

ab 1732 Ausbau Oldenburgs zu einer modernen Festung. Vollendung der Befestigung 1746, Aufgabe der Festung 1764.

1773 Die Grafschaft Oldenburg wird unter dem Herzog von Holstein-Gottorp (jüngere Linie) und Fürstbischof von Lübeck, Friedrich August, wieder selbstständig. Der neue Landesherr und sein Nachfolger behalten ihre Hauptresidenz zunächst noch in Eutin.

1774 Die Grafschaft Oldenburg wird zum Herzogtum erhoben.

1786 Gründung einer Ersparungskasse. Die 1913 in „Landessparkasse zu Oldenburg" umbenannte Einrichtung ist die älteste ununterbrochen bestehende Sparkasse der Welt.

1786 Errichtung des herzoglichen Mausoleums auf dem Gertrudenfriedhof. Beginn des klassizistischen Ausbaus Oldenburgs (bis 1790).

1792 Eröffnung der Herzoglichen Bibliothek, Vorgängerin der heutigen Landesbibliothek Oldenburg.

1793 Gründung eines Lehrerseminars in Oldenburg. Aus dem Lehrerseminar geht über die Pädagogische Akademie (1929) und die Pädagogische Hochschule (1948) die Universität Oldenburg (1973) hervor.

1803 Oldenburg wird offizielle Hauptresidenz der Herzöge von Oldenburg.

1810/11 Oldenburg gehört zum Kaiserreich Frankreich (bis 1813).

1829 Annahme des Großherzogstitels durch Paul Friedrich August. Das Großherzogtum Oldenburg besteht aus dem Herzogtum Oldenburg und den Fürstentümern Lübeck (ohne die Hansestadt Lübeck) und Birkenfeld.

1832/33 Bau des ersten Theaters in Oldenburg, Vorgänger des heutigen Oldenburgischen Staatstheaters.

1836 Eröffnung eines naturkundlichen Museums (heute „Landesmuseum Natur und Mensch Oldenburg").

1846 Glashütte in Osternburg.

1867 Eisenbahnanbindung Oldenburgs (Bremen–Oldenburg–Heppens).

1918 Abdankung des letzten Großherzogs, Friedrich August.

1919 Konstituierung des Freistaats Oldenburg mit Regierungssitz in der Stadt Oldenburg.

1922 Wesentliche Vergrößerung des Stadtgebietes durch Eingemeindungen (bis 1948).

1923 Im Schloss wird das Landesmuseum eröffnet (heute „Landesmuseum für Kunst und Kulturgeschichte Oldenburg").

1946 Der Freistaat Oldenburg geht im Land Niedersachsen auf. Die Stadt Oldenburg bleibt Sitz des gleichnamigen Verwaltungsbezirks und ab 1978 der Bezirksregierung Weser-Ems. Infolge des Zuzuges zahlreicher Vertriebener wird Oldenburg Großstadt.

1967 Einrichtung der ersten flächendeckenden Fußgängerzone in einer deutschen Innenstadt.

1973 Gründung der Universität Oldenburg.

1991 Die Universität Oldenburg erhält auch offiziell den Namen Carl von Ossietzky Universität Oldenburg.

2005 Auflösung des Regierungsbezirks Weser-Ems. In Oldenburg verbleibt eine Regierungsvertretung.

2009 Oldenburg erhält die Auszeichnung „Stadt der Wissenschaft".

Strohhalm
Strohhalm
1A
COCKTAIL
Happy Hour 18⁰⁰ - 01⁰⁰ €4,25
Tägl. von
Summer Specials
Hugo €3,40
Aperol Spritz €3,40
Sangria
1l Karaffe €7,50

GASTRONOMIE

Oldenburg schmeckt. Eine Vielzahl gastlicher Häuser bringt in vielerlei stimmigem Ambiente ambitionierte wie bewährte, oft saisonale wie regionale Küche auf die Teller. Ebenso lohnend sind Besuche der netten Cafés mit ihren süßen Freuden aus Backstube und Konditorei. Ist es warm und sonnig, dann ist die Stadt ein einziges großes Straßenlokal. Und schließlich gibt es – weit über die Kneipenmeile Wallstraße hinaus – noch die Chance, den Tag anständig in die Nacht hinein ausklingen zu lassen.

REGIONAL UND RUSTIKAL

1 Bümmersteder Krug Winterzeit ist Grünkohl-Zeit, und einen Ort zu finden, wo er besser schmeckt als hier, das dürfte schwer sein. Im Frühling, Sommer, Herbst und Winter kommt aber auch anderlei Deutsches auf den Tisch, drinnen wie draußen im Garten. Sandkruger Straße 180 • Tel.: (0441) 42615 • www.buemmersteder-krug.de • Di.–Fr. 15–23 Uhr, Sa. 16–23 Uhr, So. 11.30–23 Uhr •

2 Erdinger Keller Wer gegenüber dem Rathaus den modernen Lambertihof mit seinen Läden und Lokalen betritt, wird erstaunt sein, dass es hier (gleich rechts) hinunter in ein richtig altes Kellergewölbe geht, wo Deftiges gereicht wird, deutsch und bayerisch. Und ist das Wetter danach, geht's auch draußen. Markt 22 • Tel.: (0441) 2176757 • www.erdinger-keller.de • So.–Do. 11–22 Uhr, Fr./Sa. 11–23 Uhr

◀ Oldenburgs Kneipenmeile ist die Wallstraße

3 Etzhorner Krug Gutbürgerlich, deftig, bewährt, saisonal aufgemischt und prima gelegen als Station für die Fahrradtour um die Stadt. Butjadinger Straße 341 • Tel.: (0441) 3616700 • www.etzhornerkrug.de • Mo. ab 14 Uhr, Di.–Sa. 12–14.30/ab 18 Uhr, So. 12–18 Uhr •

4 Franziskaner Auch im Norden kann man Jiep haben auf Leberkäs, Weißwurst, Nürnberger oder Brathändl. Und weil Bayern so weit weg ist, erinnern die hübschen Trachten der Bedienung daran, wo das Essen hier seinen Ursprung hat. Netter kann's in den Biergärten des Südens allerdings auch nicht sein. Waffenplatz 1 • Tel.: (0441) 36111960 • www.franziskaner-oldenburg.de • Mo.–Fr. 11–24 Uhr, Sa.–So. 9–24 Uhr •

5 Ratskeller Oldenburg Mitten in der Stadt unten im Rathaus und auf der Terrasse davor gibt's deutsche Küche, gutbürgerlich und mit saisonalen Spezialitäten. Markt 1 • Tel.: (0441) 9 250001 • www.ratskeller-oldenburg.de • Mo.–So. 11–24 Uhr, warme Küche 11.30–14.30/17.30–23 Uhr, Sa. durchgehend

6 Zum Drögen Hasen Draußen in Wechloy noch hinter der Universität, fein für einen Ausflug mit dem Fahrrad. Drinnen und draußen gibt's Deutsches plus X. Drögen-Hasen-Weg 111 • Tel.: (0441) 88007 • www.zum-droegen-hasen.de • Mo.–Sa. ab 14 Uhr, So. ab 11 Uhr •

INTERNATIONAL

7 Akdeniz Außerhalb der Innenstadt, mitten im Wohngebiet (in Bürgerfelde), gibt es türkische Küche, klasse Service in dezent moderner Atmosphäre. Siebenbürger Straße 86 • Tel.: (0441) 62393 • www.restaurant-akdeniz.de • Mo.–Sa. 17–24 Uhr, So. 12–15/17–24 Uhr •

8 Ali Baba Vom Koch bis zum Kellner und zum Speisekartenaufsteller sorgen hier freundliche, zugewandte Menschen für türkische Schlemmereien in orientalisch angehauchtem Ambiente. Drinnen wie draußen. Ammerländer Heerstraße 120 • Tel.: (0441) 72999 • www.alibaba-oldenburg.de • Mo.–So. 12–14.30/18–24 Uhr •

9 Artischocke Dort, wo die Fußgängerzone mit am schönsten ist, werden aus einer Top-Küche abwechslungsreiche Speisen auf lässige Art gereicht. Exzellent sind die feinen Pastagerichte, zu denen einer der sardischen Weine drinnen wie draußen ganz besonders gut passt. Mottenstraße 22 • Tel.: (0441) 9987570 • Mo.–Do. 11–15/18–22 Uhr, Fr./Sa. 11–15.30/18–22.30 Uhr •

10 Athen Manche sagen gar, hier in Bloherfelde gäbe es das beste Gyros der Stadt. Und auch das Lamm könnte kaum freundlicher serviert werden. Freiherr-vom-Stein-Straße 2 • Tel.: (0441) 5704346 • www.athen-oldenburg.de • Mo.–Sa. 18–24 Uhr, So. 11.30–14.30/18–24 Uhr •

11 Bangkok Köstlich leichte Thaiküche mit knackigem Gemüse – und wer will, bekommt die Speisen auch anständig scharf zwischen Zunge und Gaumen. Nadorster Straße 121 • Tel.: (0441) 593593 • Di.–So 11.30–15/17–23 Uhr •

12 Bei Franz Nah beim Pferdemarkt in der Innenstadt geht's auf in den Kampf gegen die leichte Küche. Die saftigen Steaks und die üppigen Portionen sind legendär. Donnerschweer Straße 6 • Tel.: (0441) 882286 • Mo.–Sa. 18–24 Uhr, So. 11.30–14.30/18–24 Uhr

13 Bestial Gegenüber dem Theater sieht man, und man wird gesehen. Bei frischen, bunten Speisen in modern schickem Ambiente, drinnen wie draußen oder danach an der Bar, wo man schnell ins Gespräch kommt. Theaterwall 20 • Tel.: (0441) 2176714 • www.bestial.de • Mo.–Sa. ab 11.30 Uhr, So. ab 17 Uhr • (über den Hintereingang)

14 Caldero Spanien schmeckt warm ausgeleuchtet in cooler Umgebung aus Ziegelstein, Holz und Stahl: Auf den Tisch (auch draußen) kommen Paella-Variationen, allerlei Tapas wie auch andere Mittelmeer-Urlaubsküche. Dazu schmeckt der Wein. Heiligengeiststraße 25 • Tel.: (0441) 36137080 • www.caldero.de • Mo.–Sa. 10.30–18/14.30–24 Uhr, So. 10–15 Uhr •

15 Chianti Classico Urig und gemütlich ist es, klein und schnuckelig, und die Wände sind schief für das Wohlbefinden bei allerlei Speisen zwischen Pasta, Pizza, Fleisch und Fisch. Achternstraße 40 • Tel.: (0441) 12088 • Mo.–So. 12–15/18–24 Uhr •

16 Havana Schon seit Ende der 80er-Jahre gibt es den unprätentiösen, lockeren Kubaner am Pferdemarkt. Auch draußen stehen einige Tische. Donnerschweer Straße 8 • Tel.: (0441) 83181 • www.havana-oldenburg.de • Mo.–So. ab 18 Uhr •

17 Rodizio Lazador Brazil Entweder die sogenannten Cortadores säbeln das saftige Rind, Lamm, Schwein oder Geflügel von den Riesenspießen gleich auf den Teller oder man holt es sich vom Buffet. Immer wieder, und mit Gemüse und Salaten dazu. Bis der Bauch platzt. Pferdemarkt 16 • Tel.: (0441) 8007433 • www.rodizio-oldenburg.de • Di.–So. ab 17 Uhr

18 Rosmarin Köstliches aus Bioprodukten, zumeist aus der Region, wird hier in stilstark modernem Ambiente gereicht. Nadorster Straße 112 • www.rosmarin-oldenburg.de • Di.–So. ab 17 Uhr

19 Ristorante Al Ponte Cäcilie Direkt an der Cäcilienbrücke gibt's gehobene italienische Küche – und (besonders von den Außenplätzen) einen herrlichen Blick auf die Hunte und die Innenstadt. Ein Platz zum Erholen. Bremer Straße 1 • Tel.: (0441) 21794982 • www.alponte-oldenburg.de • Mo.–So. 11–23 Uhr •

20 Mamma Mia Eine Institution gleich beim Rathaus, wo italienische Küche ohne Schnickschnack, aber auch mit Spezialitäten jenseits von Pizza Funghi gereicht wird. Drinnen wie draußen mit Blick auf die Lambertikirche ist es meist rappelvoll. Markt 19 • Tel.: (0441) 15470 • www.mamma-mia.de • Mo.–Do. 12–24 Uhr, Fr./Sa. 12–1 Uhr, So. 12–24 Uhr •

21 Mykonos Abwechslungsreich saisonal deutsche wie griechische Küche. Tipp: Lamm und Saisonales zur Spargelzeit. Elsflether Straße 60 • Tel.: (0441) 381668 • Mo.–Sa. 17.30–24 Uhr, So ab 11 Uhr •

22 Patio Hier schmecken Tapas wie allerlei mexikanische Gerichte in der quirlig bunten Atmosphäre der Kulturetage. Bahnhofstraße 11 • Tel.: (0441) 2174747 • www.patio-oldenburg.de • Mo.–So. ab 18 Uhr

23 Phönix Ob Flammkuchen oder frittierte Aubergine im Bierteig, ob Steak und Salat oder Zanderfilet auf Fenchel-Lauchgemüse, es passt. Ehnernstraße 15 • Tel.: (0441) 884837 • www.phoenixol.de • Mo.–Fr. ab 18 Uhr, Sa./So. ab 9 Uhr •

24 Restaurant Elena am Stadion Schnörkellos griechisch. Und dabei geht es vis-à-vis zur Heimspielstätte des VfB Oldenburg familiär und herzlich zu. Und etwas plüschig. Marschweg 56 • Tel.: (0441) 501424 • Mo.–So. 17–23.30 Uhr •

25 Rossini Kreative Küche rund um das Mittelmeer; freundlicher Service, anständige Weine. Ein Ort, sich verwöhnen zu lassen. Marschweg 14 • Tel.: (04 41) 1 49 26 • www.rossini-oldenburg.de • Di.–So. 18–24 Uhr, So. auch 12–15 Uhr

26 Safran Charmanter kunstgewürzter Platz mitten in der Stadt. Gut für schmackhafte Überraschungen aus dem Orient. Und das muss nicht mal mit Fleisch sein. Mottenstraße 19 • Tel.: (04 41) 1 59 11 • www.safran-oldenburg.de • Mo./Di. 11.30–1 Uhr, Mi.–Sa. 11.30–5 Uhr, So./Feiertage 12–1 Uhr

27 Sasso Italienisches wie Regionales pfiffig aufgetischt in modernem Ambiente. Alexanderstraße 126 • Tel.: (04 41) 88 28 41 • www.ristorante-sasso.de • Mo.–So. 12–24 Uhr •

28 Sierra International bespielte Küche in entspannter Atmosphäre mitten in der Fußgängerzone. Und zu späterer Stunde tauchen an der Bar auch immer mal ein paar verrückte Vögel auf. Abraham 9 • Tel.: (04 41) 2 66 60 • www.sierra-bar.de • Mo.–So 17–23 Uhr •

29 !Sheli Köstliche, original indische Küche; die Karte schön übersichtlich und um europäische Speisen erweitert. Innenstädtisch unweit des Pferdemarktes gelegen in modernem Schick jenseits jeglicher Folklore. Donnerschweer Straße 29 • Tel.: (04 41) 3 80 20 93 • www.restaurant-sheli.de • Di.–So. ab 17 Uhr

30 Sushi Factory Direkt an der Ecke von Waffenplatz und Oldenburgs Kneipenmeile gibt's rohen und frischen Fisch japanisch und vom fließenden Rundband. Wallstraße 18 • Tel.: (04 41) 2 05 18 90 • www.sushi-factory.com • Mo.–Sa. 12–22.30 Uhr

31 Wallwirtschaft Die Hamburger hier auf der Kneipenmeile sind schon mal mindestens mit die besten in der Stadt. Wallstraße 5 • Tel.: (04 41) 4 08 69 12 • www.wallwirtschaft.de • Mo.–So. 9–24 Uhr

32 Zocalo Ökologisch, etwas rustikal und glutamatfrei. Und auch gut, wenn man an Wochentagen nach 22 Uhr noch Appetit auf internationale wie mediterrane Küche hat. Donnerschweer Straße 31 • Tel.: (04 41) 9 84 98 68 • www.zocalo-ol.de • Mo.–So. 12–24 Uhr •

DAS BESONDERE

33 altera Der Esstempel der Stadt, angepriesen von „Gault Millau" und „Der Feinschmecker". In der Fußgängerzone, direkt am Waffenplatz, wird drinnen – wie zur Sommerzeit draußen – experimentierfreudige Gourmetküche aufgetischt. Dazu kommt noch das in schlichter Köstlichkeit gereichte Angebot der „Genussmanufaktur", wo der Mittagstisch „Futtern wie bei Muttern" auch wirklich ratzfatz serviert wird. Und dass die netten, genussbewanderten Menschen regelmäßig auch Weinseminare anbieten, mag darauf hinweisen: Wer hier keinen Tropfen zum Darniederknien findet, mag doch lieber Bier. Herbartgang 23 • Tel.: (04 41) 21 90 80 • www.altera-hotels.de • Restaurant Mo.–Sa. 12–14.30/18–22 Uhr, Genussmanufaktur Mo./Di./Mi./Sa. 12–18 Uhr, Do. 12–22 Uhr •

34 Anna Hunte Ob bei in Dijonsenf gebeiztem Roastbeef, kaltem Paprika-Himbeersüppchen mit Jakobsmuschel oder Matjes „Anna Hunte": Beim Schmausen darf der Blick drinnen wie draußen über den beschaulichen Oldenburger Hafen wie das Oldenburger Stadtpanorama schweifen. Stau 142 • Tel.: (04 41) 340 109 75 • www.annahunte.de • Mo.–Fr. ab 17.30 Uhr (saisonal auch früher), Sa. ab 12 Uhr, So. ab 10 Uhr •

35 Klinkerburg Schon kurz nach der Jahrtausendwende wurde aus der alten Bahnhofsgaststätte nach restauratorischen wie innenarchitektonischen Klimmzügen dieses Speiselokal für die gehobene Küche. Saisonal abwechslungsreich und unter fantasiereicher Verwendung regionaler Produkte kann man es sich hier in den imposanten Räumen so richtig gut gehen lassen. Und ja, wenn's sein muss, man kann auch draußen sitzen. Bahnhofsplatz 12 a • Tel.: (04 41) 2 59 29 • www.klinkerburg.de • Mo.–Sa. 10–22 Uhr

36 New York New York Hier kocht Italien, nicht Amerika. Ruckzuck kommen ordentliche Pizza oder Pasta. Dazu flimmert das Interieur so kunterbunt, als habe man den Times Square in diesen Keller geblasen. Hier auf der Kneipenmeile stärken sich bis in den Morgen die Nachteulen. Und wer zu üblichen Essenszeiten kommt, sollte ruhig mal anfragen, was die Küche so außer der Karte empfiehlt. Oder ob der Chef vielleicht grad einen feinen Fisch besorgt hat. Und falls der Hang zu italienischer Speise ernst gemeint ist, bitte unbedingt erwähnen, dass man seine Order à la carte original italienisch zubereitet haben möchte. Draußen sitzen geht auch. Wallstraße 24 • Tel.: (04 41) 1 57 11 • www.new-york-new-york.de • Mo./Di./Do. 11–2 Uhr, Mi. 11–3 Uhr, Fr./Sa. 11–5 Uhr, So. 15–2 Uhr

37 Tafelfreuden Bio und sogar biozertifiziert. Ein so witziges Haus von kreativ anregender Atmosphäre, dass es schon vom Fernsehen für einen Spielfilm entdeckt wurde. Und einen verwunschenen Garten gibt's hier auch. Der alkoholfreie Aperitif schmeckt überraschend gut, und die Küche wird mit der Liebe zum Detail zelebriert, einschließlich der Nachtische. Öko, glutamatfrei, zum sich Belecken. Alexanderstraße 23 • Tel.: (04 41) 8 32 27 • www.tafelfreuden-hotel.de • Di.–Sa. ab 18 Uhr. Frühstück und andere Termine nach Absprache •

GUT UND GÜNSTIG

38 Ching, chang, chong Gleich beim Rathaus hinein in den Lambertihof gibt's Thai. Und zur Not kann man hier auch mal Zutaten kaufen, etwa Zitronengras. Markt 22 • Tel.: (04 41) 9 50 64 88 • Mo.–Do. 11.30–21 Uhr, Fr.–So. 11.30–22 Uhr •

39 Heiermann Currywurst mit Pommes rot-weiß für Nachtschwärmer. Mitten in der Fußgängerzone. Kult. Mottenstraße 7 • Tel.: (04 41) 2 48 94 59 •

40 KaroEinfach Drinnen und draußen Currywurst, Bratwurst, Schnitzel, Frikadellen, Hähnchentaler und Pommes. Dazu 16 verschiedene Saucen aus dem Zapfhahn. Wo gibt es so was schon? Nadorster Straße 159 b • Tel.: (04 41) 8 00 88 05 • www.karoeinfach.de • Mo.–So. 11–22 Uhr •

41 Kashmir Indische Küche in schlichtem Ambiente. Getrunken wird ausschließlich alkoholfrei. Alexanderstraße 39 • Tel.: (04 41) 2 05 00 81 •

www.kashmir-oldenburg.de • Mo.–So. 11.30–14.30/17.30–23 Uhr

42 Kreienborg Wild Geflügel In der Fußgängerzone ein heißer Tipp für den kleinen Hunger am Mittag. Prima sind vor allem die Eintöpfe und die Hühnersuppe. Achternstraße 23 • Tel.: (04 41) 1 54 94 • Mo.–Fr. 9–18, Sa. 9–15 Uhr •

43 Mekong Im Chinarestaurant gibt's Fleisch, Fisch, Vegetarisches wie knackiges Gemüse und Salate. Staulinie 20 • Tel.: (04 41) 1 73 66 • www.restaurantmekong.de • Mo.–So. 11.30–15.30/17–22.45 Uhr

44 Monse Stadtrestaurant Gleich neben dem gleichnamigen Fleischfeinkost-Geschäft kann man sich stärken. Mottenstraße 3–5 • Tel.: (04 41) 1 31 35 • www.fleischerei-monse.de • Mo.–Fr. 9–15.30 Uhr, Sa. 9–15 Uhr •

CAFÉ UND BISTRO

45 Art-Café im Horst-Janssen-Museum Mit traumhaftem Museumsgarten. Hier schmecken Kaffee und Kuchen zur Grafik. Am Stadtmuseum 4–8 • Tel.: (04 41) 36 16 66 82 • www.artcafe-ol.de • Di.–So. 10–18 Uhr •

46 M&E Heiligengeisthöfe Mit Blick auf das innerstädtische Treiben lässt es sich hier besonders gut draußen in der warmen Jahreszeit entspannen – bei Kuchen, Torte oder Snack. Heiligengeiststraße 26 • www.mueller-egerer.de • Tel.: (04 41) 36 18 95 88 • Mo.–Fr. 7–18.30 Uhr, Sa. 8–18 Uhr, So. 9–18 Uhr •

47 Blätterteich Traumhaftes Café-Kleinod kurz vor der Stadtgrenze. Gekocht wird hier auch: höchst bewusst, saisonal – und mit persönlich bekannten Zutaten. Und klare Sache: Im Garten gibt's einen Blätterteich. Alexanderstraße 412 • Tel.: (04 41) 99 87 80 40 • www.blaetterteich.de • Fr./Sa. 14–24 Uhr, So. 10–24 Uhr

48 Burgcafé Mitten in der Stadt gibt's selbst gebackene Kuchen und das eigene Eis in freundlich moderner Atmosphäre. Drinnen und im Innenhof. Burgstraße 8 • Tel.: (04 41) 5 70 01 08 • www.burgcafe-oldenburg.de • Mi.–Mo. 9.30–18.30 Uhr •

49 Café am Damm Ökokuchen auf ollem Sofa. Besonders nett an Regentagen. Damm 36 • Tel.: (04 41) 1 73 30 • Di. 9–23 Uhr, Mi.–Fr. 9–20 Uhr, Sa./So. 10–20 Uhr •

50 Florian Grand Café Ein richtiges, klassisches Kaffeehaus gleich beim Rathaus. Der warme Apfelstrudel ist ein Gedicht. Und vom Frühstück bis in den Abend schmeckt es süß bis herzhaft zu Kaffee und Bier. Allerhand gemischtes Volk ist auch immer zu begucken. Markt 2 • Tel.: (04 41) 2 48 91 82 • www.florian-ol.de • Mo.–Sa. ab 8.30 Uhr, So. ab 9 Uhr •

51 Café Klinge Im unaufdringlichen Ambiente am Flüsschen Haaren, gleich gegenüber dem Julius-Mosen-Platz, wird in der einstigen Hofkonditorei die traditionelle Torte gereicht, gern auch bei Likör mit Sahnehäubchen. Der Tee schmeckt mit Frankfurter Kranz noch mal so gut, und Pralinen wie Schokolade sind eine Wucht. Theaterwall 47 • Tel.: (04 41) 2 50 12 • www.cafe-klinge.de • Mo.–Fr. 8–18.30 Uhr, Sa. 8–18 Uhr, So. 9–18 Uhr

52 Café Leutbecher Gleich beim Schloss ist es im gediegenen Traditionshaus so gemütlich wie bei Oma. Und es gibt den berühmten Torfsoden sowie allerlei Oldenburger Spezialitäten mehr. Schloßplatz 18 • Tel.: (0441) 135 54 • www.cafe-leutbecher.de • Mo.–Fr. 9–18 Uhr, Sa./So. 11–18 Uhr •

53 Café Merlin Wegen des wunderbaren Kuchens und weil die vielen Lehramt-Erstsemester hier schon wie die Oberstudienräte schnacken. Ammerländer Heerstraße 100 • Tel.: (0441) 77 69 84 • Di.–Fr. 12–18 Uhr, Sa./So. 9.30–18.30 Uhr

54 Kaffee Hamburg Gleich gegenüber dem Rathaus kann man lässig Kuchen essen, Kaffee, Tee trinken. Frühstück und Mittagstisch gibt's auch. Markt 23 • Tel.: (0441) 92 51 39 39 • www.kaffeehamburg.de • Mo.–Sa. 9–18.30 Uhr, So. 10–18 Uhr

55 KaffeeHaus Lindenallee Gemütlich, gediegen, modern mit tollen Torten. Ein Café wie ein einziges großes Sofa. Lindenallee 50 • Tel.: (0441) 2 19 74 47 • www.kaffeehaus-lindenallee.de • Di.– So. 9–18 Uhr

56 Kaffeekunst Frühstück, Crêpes, Mittagstisch und sensationellen Kuchen gibt's in der Fußgängerzone, fast zu gut versteckt im Nikolaigang. Bergstraße 6 • Tel.: (0441) 4 08 61 18 • Di.–Fr. 10–18.30 Uhr, Sa.10–18 Uhr •

57 Wiener Konditorei Die Pulvertürmchen gibt's hier, die Lappänchen und köstliche Pralinen aus eigener Herstellung. Sitzen, Kaffee schlürfen und die vorbeiziehenden Leute betrachten, das geht hier auch bestens. Heiligengeiststraße 28 • Tel.: (0441) 2 67 02 • www.wiener-konditorei-ol.de • Mo.–Fr. 7–18.30 Uhr, Sa. 7–18 Uhr •

KNEIPEN UND BARS

58 Between the Sheets Erfrischende Cocktailbar mit Riesenbetten auf der Kneipenmeile. Wallstraße 12 • Tel.: (0441) 92 51 42 87 • www.betweenthesheets.de • Mi.–Sa. ab 20 Uhr

59 Bei Beppo Sich politisch links zu bekennen ist kein Muss hier, aber es schadet auch nicht; doch sogar Konservative sollen sich hier schon verliebt haben. Ins Gespräch kommt man also schnell aus allen und in alle Richtungen. Viele Brettspiele zum Ausleihen gibt es, und aus dem Zapfhahn fließt das süffige tschechische Bier Staropramen. Auguststraße 57 • Tel.: (0441) 9 98 45 33 • www.beibeppo.net • So.–Fr. ab 18 Uhr •

60 Charly's Sensationelle Musikkneipe auf Oldenburgs Kneipenmeile Wallstraße. Sofort zu Hause fühlt sich, wer auf Rock 'n' Bier oder auf Jägermeister vom Fass steht. Es bolzt anständig aus den Boxen, ganz besonders urwüchsig mit kerniger Liveband. Die Glanzlichter gibt's als Sampler sogar auf CD oder auf der Internetseite als Open iPod, und am Kickertisch fallen die Tore im Takt. Wallstraße 26 • Tel.: (0441) 2 17 16 30 • www.charlys-musikkneipe.de • Mo.–Sa. ab 19 Uhr

61 Fiddler's Green So muss ein irischer Pub sein: Immer wieder mal Livemusik, allerhand Whiskys und lockere Leute • Wallstraße 19 • Tel.: (0441) 1 66 22 • www.fiddlersgreen-ol

denburg.de • Mo.–Fr. ab 17 Uhr, Sa. ab 14 Uhr, So. ab 16.30 Uhr •

62 Gaststätte Karins Krone Eine so ehrliche Kneipe, dass sogar Oldenburgs gesellige Schausteller hier gerne mal ihren Eierlikör zum Bier nehmen. Mitten in der Stadt. Bergstraße 15 • Tel.: (04 41) 1 59 59 • Mo.–Sa. 16–1 Uhr

63 Kulturlounge Seelig Beim Chillen zum Sundowner in den Schlosshöfen fühlt sich Oldenburg tatsächlich urban an. Ist nicht das Verkehrteste, hier auf der Dachterrasse abzuhängen. Schloßplatz 2 • Tel.: (04 41) 21 71 92 35 • www.seelig-ol.de • Mo.–Do/So. 9–1 Uhr, Fr./Sa. 9–5 Uhr •

64 Litfaß Innerstädtisch schmeckt hier die hausgemachte Bulette zum Bier. Fußball gucken, draußen sitzen. Niemand nervt rum, und öfter mal gibt's sogar Livemusik. Auch Restaurant. Lindenstraße 56 • Tel.: (04 41) 8 73 72 • www.litfass-ol.de • Mo.–Do. 17–1 Uhr, Fr. 17–2 Uhr, Sa.14–3 Uhr, So. 14–1 Uhr •

65 Marvin's Unweit des Hafens lockt dieses wunderbare Wirtshaus. Manch einer spricht vom besten Dive der Stadt. Man trifft immer wen zum Quatschen, der Biergarten ist top, Billardtische, buntes Volk, sehr charmant. Rosenstraße 6 • Tel.: (04 41) 1 24 69 • www.marvins.de • So.–Do. 19–2 Uhr, Fr./Sa. 20–3 Uhr

66 Polyester Chill, schrill, getanzt wird auch mit Liveband, und manchmal proklamieren Wortakrobaten Gedichtetes. Am Stadtmuseum 15 • www.polyester-klub.de • www.myspace.com/polyester5000 • Mi.–Do. 20–2 Uhr, Fr./Sa. 21–3 Uhr, So. 19–2 Uhr

67 Strohhalm Cocktails in lockerer Atmosphäre auf der Kneipenmeile. Wallstraße 1 a • Tel.: (04 41) 1 30 24 • www.strohhalm-wallstrasse.de • Mo.–So. 10–3 Uhr

68 Ulenspegel Auf hat er, wenn er auf hat. Und wenn der knorrige Wirt einen mit „Wir woll'n hier keine Gäste" oder „Alles Idioten" begrüßt, hat er blendende Laune. Auch deshalb kommen nach ihren Proben oder Vorstellungen gerne mal die Mimen aus dem Staatstheater rüber. Und sonst findet allerlei Volk den Weg in die „Ule", um frisch gezapftes Jever und Staropramen zu genießen. Vielleicht bei einer Scheibe Brot mit Ammerländer Schinken, und hinterher gibt's einen Alten Hullmann. Wer sich aber zur Weihnachtsmarktzeit mit Rentiergeweih oder rotem Zipfelmützchen hierher verirrt, dem wird tatsächlich die Tür gewiesen. Solche Glühweinverkleidung kann der Wirt, der ab und an selbst schauspielernd wie musizierend auf der Bühne steht, nicht ausstehen. Burgstraße 12 • Tel.: (04 41) 1 32 68

69 Wally's Bierstuben Montag bis Sonntag 24 Stunden täglich geöffnet. Muss man mehr sagen? Donnerschweer Straße 75 • Tel.: (04 41) 8 75 95

70 Weinbar Artischocke So klein, dass sich höchst exklusiv fühlen darf, wer einen Platz bekommen hat. Dazu das richtige Glas aus dem guten Sortiment, noch ein paar Tapas, dann passt's. Mottenstraße 22 • Tel.: (04 41) 9 98 75 71 • Mo.–Sa. 12–15/18–22 Uhr

71 Zilles Gediegene Bundesliga-Sportsbar, wo sich immer mal wieder ehemalige Spieler des VfB Oldenburg blicken lassen. Netter Biergarten, da wird auch gegrillt. Edewechter Landstraße 90 • Tel.: (04 41) 50 24 17 • www.zilles-lounge.de • Mo.–Sa. 17–24 Uhr, So. 17–22 Uhr

RESTAURANTS IN DER UMGEBUNG

BAD ZWISCHENAHN

72 Ahrenshof In der gediegenen Gemütlichkeit des historischen Hofes wird drinnen wie draußen regionale wie saisonale Küche gereicht. Auch für Vegetarier. Oldenburger Straße • Tel.: (0 44 03) 47 11 • www.der-ahrenshof.de • Mo.–So. 11–23 Uhr •

73 Apicius Feines für Feinschmecker im Restaurant des Hotels Jagdhaus Eiden. Die Gourmet-Küche am Zwischenahner Meer. Eiden 9 • Tel.: (0 44 03) 69 80 00 • www.jagdhaus-eiden.de • Di.–Sa. ab 18 Uhr, Mi./Sa. auch ab 12 Uhr •

74 Bauernhofcafé Heinrichshof Besonders für Eltern mit kleinen Kindern ist das idyllische Bauernhofcafé mit selbst gebackenem Kuchen, rustikalem Essen sowie Tieren zum Anfassen und der großen Sandkiste einen Ausflug nach Petersfehn wert. Woldlinie 4 • Tel.: (0 44 86) 92 14 70 • www.bauernhofcafe-heinrichshof.de • April–Sept. Di.–Fr. 15–18 Uhr, Sa./So. 10–18 Uhr, Okt.–März Sa./So. 15–18 Uhr •

75 Seehotel Fährhaus Die Terrasse ist ein besonders guter Platz zum wunderbaren Sonnenuntergang, und frischester Fisch wird auch gereicht. Auf dem Hohen Ufer 8 • Tel.: (0 44 03) 60 00 • www.seehotel-faehrhaus.de • Mo.–Sa. 10–14/18–22 Uhr •

76 Fährkroog Dreibergen Rustikal, deftig und natürlich Fisch, idyllisch am See gelegen. Mit Gartenterrasse. Dreiberger Straße 25 • Tel.: (0 44 03) 83 60 • www.faehrkroog-dreibergen.de • Mo.–So. 9–23 Uhr •

77 Spieker Im Traditionsgasthaus gibt's Deftiges in historischem Ambiente, Aalessen etwa sowie den Ammerländer Löffeltrunk. Am Hogen Hagen 4 • Tel.: (0 44 03) 23 24 • www.spieker-gaststaette.de • Mo.–So. 10–23 Uhr

BAKUM

78 Kalaboush Die kulinarische Preziose des Oldenburger Landes finden Gourmets im Bakumer Ortsteil Lüsche, wo man sich geschwind die einzige „Gault-Millau"-Empfehlung weit und breit erarbeitet hat. Die Küche ist sehr kreativ, oft überraschend, manchmal witzig und immer wieder mal mit regionalem Touch. Dazu gibt's hier eine opulente Weinauswahl. Tipp für alle, die es weniger aufwendig (und preisgünstiger) mögen: die Beeflounge, das Steakhouse im selben Gebäude. Derselbe Besitzer, derselbe Küchenchef, eine andere Karte – und andere Tarife. Essener Straße 53 • Tel.: (0 54 38) 95 84 58 • www.kalaboush.de • Mi.–Sa. 17–24 Uhr, So. 12–24 Uhr •

BRAKE

79 Hullmanns Fischbuffet Aus der See frisch auf den Tisch. Am Binnenhafen • www.neptun-brake.de • Mo.–Mi. 9–14.30 Uhr, Do./Fr. 8–17 Uhr, Sa. 8–14 Uhr, im Sommer auch So. 11–14 Uhr

CLOPPENBURG

80 Dorfkrug Das Cloppenburger Museumsdorf ist nicht nur eines der lohnendsten Ausflugsziele im Norden, hier gibt es auch norddeutsche Küche. Museumsdorf 25 • Tel.: (0 44 71) 27 26 • www.dorfkrugimmuseumsdorf.de • Mo.–So. 9–18 Uhr •

DELMENHORST

81 El Mariachi Im historischen Gebäudekomplex der Nordwolle hat sich mittelamerikanisches Flair breit gemacht. Aus der Küche wie von der Bar kommt's mexikanisch. Fabrikhof 9–11 • Tel.: (0 42 21) 3 98 02 92 • www.el-mariachi-delmenhorst.eu • Mo.–Do. 17–24 Uhr, Fr./Sa. 17–2 Uhr, So. 10–23 Uhr •

GRISTEDE

82 Gristeder Hof Ammerländische Landhausküche frisch und abwechslungsreich und Swingolf als Familienspaß. Heller Landstraße 7 • Tel.: (0 44 03) 81 67 67 • www.gristeder-hof.de • Di.–So. ab 11 Uhr •

HOOKSIEL

83 Brücke Maritim rustikaler Charme im Hafen. Auf den Tisch kommt Fisch, Fisch, Fisch – und der Chef räuchert selbst. Grandios, im Sommer hier draußen zu sitzen. Schleuse 2 • Tel.: (0 44 25) 99 17 47 • www.bruecke-hooksiel.de • Mo.–So. ab 11 Uhr •

HUDE

84 Klosterschänke Rustikale wie regionale Küche, klasse Service in heimeliger Lage gleich beim mittelalterlichen Gemäuerkomplex des ehemaligen Zisterzienserklosters. Von-Witzleben-Allee 3 • Tel.: (0 44 08) 77 77 • www.klosterschaenke-hude.de • Mo.–So. Küche 12–14/18–22 Uhr, Kuchen 14–18 Uhr

HUNTLOSEN

85 Meyer's Gasthaus Saisonale Regionalküche, wie sie sein muss, in einem rustikalen Landgasthaus. Drinnen wie draußen. Bahnhofstraße 67 • Tel.: (0 44 87) 9 27 70 • www.meyersgasthaus.de • Di.–So. ab 10 Uhr •

86 Schalotte Bioküche und Bioweine in nettem Dorfgasthaus mit idyllischem Garten. Huntloser Moorweg • Tel.: (0 44 87) 15 79 • www.schalotte-restaurant.de • Mi.–Sa. ab 17 Uhr, So. ab 12 Uhr

JEVER

87 Altstadtbrauerei Marienbräu In rustikal friesischer Gasträumlichkeit gibt's traditionell regionale wie saisonale Speisen zum eigenen Bier. Apothekerstraße 1 • Tel.: (0 44 61) 74 49 90 • www.marienbraeu.com • Mo.–Sa. ab 15 Uhr, So. ab 12 Uhr •

88 Der Butt Frischer Fisch zum frisch gezapften Jever in wunderbar klarem Ambiente. Drinnen wie draußen. Kattrepel 2 • Tel.: (0 44 61) 9 18 78 92 • www.der-butt-fischrestaurant.de • Mi.–Mo. ab 11 Uhr •

89 Haus der Getreuen Ins geschichtsträchtige Haus hat man detailfreudig modern wie originell gediegen hineinmöbliert und -gestaltet, um köstlich deutsch aufzutischen. Schlachtstraße 1 • (0 44 61) 7 48 59 49 • www.hausdergetreuen.de • Mo.–So. 11–24 Uhr •

RASTEDE

90 Das Weiße Haus Ausgezeichnetes Schlemmen mit Landhauscharme. Südender Straße 1 • Tel.: (0 44 02) 32 43 • www.kindermann-weisseshaus.de • Fr.–Mi. ab 18, So. auf Vorreservierung auch ab 12 Uhr •

91 **Janßen Hof** Idyllisch gelegenes Bauernhofcafé mit Hofladen, wo die Familie auch swingolfen kann. Pantinenweg 4–6 • Tel.: (0 44 02) 8 38 70 • www.janssen-hof.de • Di.– So. 13–18 Uhr •

VAREL

92 **Kurhaus Dangast** Eines der beliebtesten Ausflugsziele. Wegen seines Charmes. Und wegen seines Rhabarberkuchens, der schon Legende ist. Nicht ohne Reiz ist auch der Ausblick auf den Jadebusen sowie auf die „Skyline" von Wilhelmshaven. Dazu gibt es hier Bilder von lokalen Künstlern zu betrachten wie zu erwerben. An der Rennweide 46 • Tel.: (0 44 51) 44 09 • www.kurhausdangast.de • Fr.–So. 9–19 Uhr

93 **Restaurant Schienfatt** Saisonal und regional plus X im musealen Haus direkt am Rathausmarkt. Neumarktplatz. Tel.: (0 44 51) 47 61 • www.restaurant-schienfatt-varel.de • Mo.–Sa. ab 18 Uhr, So. 12–14/ab 18 Uhr •

VECHTA

94 **Cucina d'Angelo & Hausbrauerei Stierbräu** Der eine macht seit langer Zeit die beste Pizza weit und breit und die anderen seit einigen Jahren helles wie dunkles Bier gut zum Wegtrinken. Beide Lokalitäten liegen beieinander, und der eine bekocht auch die anderen. Es passt drinnen wie draußen. Kreuzweg 9 • Tel.: (0 44 41) 9 70 15 50 (d'Angelo) • Tel.: (0 44 41) 918883 (Stierbräu) • www.stierbraeu.de • Di.–So. ab 18 Uhr •

VISBEK

95 **Bullmühle** Wunderbar in der Natur gelegen, gibt's hier in Siedenbögen rustikale Küche wie wohlschmeckenden Kuchen im Café. Noch ein Geheimtipp. Bullmühle 19 • Tel.: (0 44 45) 9 57 13 85 • www.bullmühle.de • Mi.–Sa. ab 14.30 Uhr, So. ab 10 Uhr •

96 **Neumühle** Internationale Küche in gediegen festlicher Atmosphäre, idyllisch gelegen. Würdiger Abschluss für einem Tag im Naturpark Wildeshauser Geest. Neumühle 36 a • Tel.: (0 44 45) 28 89 • www.neumuehle-visbek.de • Mi.–Fr. 15–24 Uhr, Sa./So. 12–24 Uhr •

WARDENBURG

97 **Wassermühle** Abwechslungsreich aufgemischte Küche, ideal um sie bei einem Fahrradausflug in entspannt frischer Atmosphäre zu genießen, drinnen wie draußen im schönen Garten. Wassermühlenweg 14 • Tel.: (0 44 07) 91 98 00 • www.wassermuehle-wardenburg.de • Di.–Fr. ab 17.30 Uhr, Sa./So. ab 10 Uhr •

WESTERSTEDE

98 **Feingefühl** Ambitionierte Speisen, regional wie mediterran. Zu genießen in gediegen schickem wie auch rustikalem Flair. Und auf der Terrasse. Am Markt 5 • Tel.: (0 44 88) 52 39 00 • www.feingefuehl-westerstede.de • Di.–So. 18–24 Uhr •

WILHELMSHAVEN

99 **Marco Polo** Mit Michelin-Stern und reichlich „Gault-Millaut"-Mützen ausgezeichnete Küche im Restaurant des Columbia Hotels. Herausragende Genusserlebnisse im Wechsel der Jahreszeiten. Jadeallee 50 • Tel.: (0 44 21) 77 33 80 • www.columbia-hotels.com • Di.–Sa. 18–23 Uhr •

InnenLeben
Rahmen & Wohnkultur Lampe
InnenLeben
Werkstatt
JUL.FREYER

EINKAUFEN

Mit viel Herzblut sind sie geführt, die vielen Ladengeschäfte und Kaufhäuser in Oldenburg. Und hochwertig ballt sich das individuell gepflegte wie große Angebot in der leicht verwinkelten Fußgängerzone, die seit 1967 die Menschen anzieht. Aus Bremen kommen sie her, aus dem Emsland, aus Holland, Friesland oder aus dem Ruhrgebiet. Bummeln und verweilen, Imbiss nehmen, Kaffee trinken, plaudern und dabei das bunte Treiben beäugen. Dafür könnte es kaum einen besseren Ort geben als das Herz dieser Stadt.

ALLERHAND

1 Bio- und Naturprodukte Bürsten und Kosmetik wie auch Nahrungsmittel im Lambertihof. Markt 22 • Mo.–Fr. 10–18 Uhr, Sa. 10–16 Uhr •

2 Chronometrie Zurhorst Wertige Uhren ausgewählter Hersteller, vorgestellt von Enthusiasten des Handwerks. Auch Oldtimer mit Garantie. Haarenstraße 29 •Tel.: (04 41) 9 25 00 15 • www.zurhorst.de • Mo.–Fr. 10–18.30 Uhr, Sa. 10–16 Uhr •

3 Der Bastelkönig Ein wahres Bastelparadies für Papier, Textil, Schmuck, Farben und, und, und. Staulinie 12 • Tel.: (04 41) 36 18 32 54 • Mo.–Fr. 10–18 Uhr, Sa. 10–16 Uhr •

4 die Blumenbinder Sträuße, Töpfe und Accessoires. Heiligengeist Höfe 7 • Tel.: (04 41) 2 18 23 23 • www.dieblumenbinder.de • Mo.–Fr. 9–18.30 Uhr, Sa. 9–16 Uhr •

◀Viele individuelle Geschäfte machen aus Oldenburg eine ganz besondere Einkaufsstadt

5 Fantasia Ambitionierter Head-&-Grow-Shop mit fetter Auswahl. Staulinie 16–17 • Tel.: (04 41) 24 82 82 • www.fantasia-ol.de • Mo.–Fr. 10–18 Uhr, Sa. 10–16 Uhr •

6 duftcontor Ein Haus der Düfte, wie man wohl selten eines findet. Exklusives und überraschendes Sortiment für Liebhaber von Wohlgerüchen für den unterschiedlichsten Gebrauch. Ein wunderbarer Ort. Herbartgang 17 • Tel.: (04 41) 9 36 53 30 • www.hautsache-oldenburg.de • Mo.–Fr. 10–18.30 Uhr, Sa. 10–16 Uhr •

7 Julius Freyer Mehr Messer, mehr Klinge geht nicht, die Auswahl ist unglaublich: Vom Taschenmesser über hochwertigste Küchenmesser bis hin zum originalen Samurai-Schwert. Schon in der dritten Generation gibt's hier: Service-Station,

Feinstkorn, Feinkorn, Hartmetall, HSS Schwedenstahl, Papierschneidemesser, Solinger Schneidwaren. Und selbstverständlich wird geschliffen. Baumgartenstraße 5 • Tel.: (04 41) 1 31 30 • www.schleiferei-freyer.de • Mo.–Fr. 9.30–12.45/13.30–18.30 Uhr, Sa. 10–16 Uhr •

8 Kiosk im Herbartgang Hier gibt es so viele Magazine, Zeitschriften und Zeitungen zu kaufen, das gibt's gar nicht. Eine Institution. Mo.–Fr. 7.15–18.30 Uhr, Sa. 7.30–17 Uhr •

9 M. Niemeyer Das gute Geschäft mit Printpresse und reichhaltigem Tabaksortiment einschließlich Zigarren und Feuerzeugen. Lange Straße 36 • Tel.: (04 41) 1 50 78 • www.niemeyer-cigarren.de • Mo.–Fr. 8–19 Uhr, Sa. 8–18 Uhr •

10 Musikhaus Kötter Akustische Gitarren und Noten, Noten, Noten. Heiligengeistwall 2 • Tel.: (04 41) 1 28 71 • www.facebook.com/musikhauskoetter • Mo.–Fr. 10–18.30 Uhr, Sa. 10–18 Uhr •

11 Onken Der klassische Schreibwarenladen plus X mit reichhaltigem Sortiment und mit großer Abteilung fürs Basteln, Zeichnen, Malen, Airbrush. Lange Straße 62 • Tel.: (04 41) 2 50 00 • www.papier-onken.de • Mo.–Fr. 9.30–18.30 Uhr, Sa. 9.30–18 Uhr •

12 Piano Rosenkranz Eines der führenden deutschen Häuser in Sachen Klavier und Flügel. Mottenstraße 8/9. Tel.: (04 41) 1 39 48 und 2 77 07 • www.piano-rosenkranz.de • Mo.–Fr. 9.30–13/14.30–18.30 Uhr, Sa. 10–13.30/14.30–16 Uhr •

13 Spirits body art Piercing und Schmuck, spirituell, individuell. Staulinie 16 • Tel.: (04 41) 24 82 82 • www.spirits-bodyart.com • Mo. 13–18 Uhr, Di.–Fr. 11–19 Uhr, Sa. 10–16 Uhr •

14 Wallstreet Tatoo & Unitet Tattoo Systems Tätowieren und Piercen in entspannter Atmosphäre. Lange Straße 89 (um die Ecke in der Wallstraße) • Tel.: (04 41) 36 11 04 04 sowie Donnerschweer Straße 137 • Tel.: (04 41) 8 10 12 • www.uts-ol.de • Mo.–Fr. 10–19 Uhr, Sa. 11–18 Uhr •

15 Weltladen Im Ökumenischen Zentrum halten nette Menschen den leckeren, fair gehandelten Oldenburg Espresso und Kaffee sowie vielerlei Dinge vor, auch Gutes zum Verschenken. Kleine Kirchenstraße 12 • Tel.: (04 41) 2 19 72 84 • www.oekumenisches-zentrum-ol.de • Mo.–Fr. 10–18 Uhr, Sa. 10–16 Uhr

16 Willers Eisenwaren, besser sortiert als der Baumarkt – und das auf 70 Quadratmetern Fläche und mit 24-Stunden-Schraubenautomat. Nadorster Straße 6 • Tel.: (04 41) 88 30 66 • www.willers-ol.de • Mo.–Fr. 8–18 Uhr, Sa. 8–15 Uhr

BÜCHER

17 Buch Brader Das zweite große Haus in der Fußgängerzone. Umfassend sortiert und kompetent betreut. Haarenstraße 8 • Tel.: (04 41) 21 86 60 • www.buchbrader.shop-asp.de • Mo.–Fr. 9.30–19 Uhr, Sa 9.30–18 Uhr •

18 Bültmann & Gerriets Seit 1871. Ein Traum von einer Buchhandlung. Unweit des Rathauses gibt es zu jedem Thema einen unglaublichen Präsentbestand an Büchern. Allein schon mit den Reiseführern ließe sich eine komplette Buchhandlung füllen. Kompetentes und freundliches Personal. Wer hier nichts für seinen Lesegeschmack findet, der will gar kein Buch. Lange Straße 57 • Tel.: (0441) 924940 • Mo.–Fr. 9.30–19 Uhr, Sa. 9.30–18 Uhr •

19 Buchhandlung Thye Alteingesessenes Geschäft, wohlsortiert und umfangreich. Mit Literatursalon und den Fachbuchbereichen Recht, Wirtschaft und Steuern. Schloßplatz 21–23 • Tel.: (0441) 3613660 • Mo.–Fr. 9.30–18.30 Uhr, Sa. 9.30–16 Uhr

20 Isensee Diese kleine, feine Buchhandlung ist auch Verlag. Zu finden sind hier insbesondere eine fast unüberschaubare Fülle regionalbezogener geschichtlicher wie literarischer Titel sowie empfehlenswerte Bildbände – und ergänzend zum vorliegenden Reiseführer auch der aus dem Hause Isensee. Haarenstraße 20 • Tel.: (0441) 3614240 • www.isensee.de • Mo.–Fr. 9.30–19 Uhr, Sa 9.30–18 Uhr •

INTERIEUR UND ACCESSOIRES

21 Antiquitäten Klaus J. Smid Ein Geschäft als Schatztruhe historischer Einrichterei. Möbel gibt's, Gemälde und mehr. Wer ein Gutachten braucht, wird bedient, wer restaurieren lassen möchte, auch. Burgstraße 30 • Tel.: (0441) 13777 • Mo.–Fr. 10–12.30/14.30–18 Uhr, Sa. 10–16 Uhr und nach Vereinbarung

22 Der Hofgarten Neben Blumen sind hier die schönsten Geschenkideen für Heim, Hof und Garten zu finden. Gaststraße 20 • Tel.: (0441) 5700657 • www.hofgarten-oldenburg.de • Mo.–Fr. 10–18.30 Uhr, Sa. 10–17 Uhr

23 Designers House Mobiliar wie allerlei Gegenstände ausgesuchter Hersteller, die aus Wohnraum ein individuelles Heim machen. Herbartstraße 1 • Tel.: (0441) 9736770 • www.designers-house.de • Mo.–Fr. 9.30–18 Uhr, Sa. 9.30–16 Uhr

24 Einrichtungen Ullmann Überbordend gut sortiertes Einrichtungshaus für Möbel, Teppiche, Gardinen, Bodenbeläge, Bettwäsche und mehr. Heiligengeiststraße 31/32 • Tel.: (0441) 92345 • www.ullmann.de • Mo.–Fr. 9.30–19 Uhr, Sa. 9.30–18 Uhr •

25 Innenleben Einrichten, dekorieren, verschenken, Bilder rahmen lassen, Fayancen, Glas, Schalen, Vasen – dieses in einen alten Pferdestall sehr stilvoll hineinrenovierte Geschäft ist schon allein seines Unterhaltungswertes wegen einen Besuch wert. Baumgartenstraße 4a • Tel.: (0441) 26512 • www.innenleben-lampe.de • Mo.–Fr. 10–19 Uhr, Sa. 10–18 Uhr •

26 Kunstgalerie Barbara Tamm Eine Fundgrube für Art déco. Außerdem finden hier Bilderausstellungen zeitgenössischer, regionaler Kunst statt. Burgstraße 4 • Tel.: (0441) 2174792 • Mo.–Fr. 10–12.30/14.30–18 Uhr, Sa. 10–16 Uhr und nach Vereinbarung

27 Nordisch Nobel – Antikes und Schniekes Für die Freunde skandinavischen Lebensstils. Herbartgang 20 • Tel.: (0441) 35078733 • Mo.–Fr. 10–18 Uhr, Sa. 10–16 Uhr

28 Rosenbohm Exklusives Einrichtungshaus mit dem vollen Programm für Anspruchsvolle. Pferdemarkt 7 • Tel.: (04 41) 8 80 81 • www.moebel-rosenbohm.de • Mo.–Fr. 10–19 Uhr, Sa. 10–18 Uhr •

ESSEN, TRINKEN, NASCHEN

29 Bäckerei Janssen Die ausgezeichneten Brote und Brötchen sowie Kuchenteilchen haben hier witzige Namen: Liebesknochen, Schwarzes Ferkel, Jam Jam, Schwarzer Peter, Mafioso, Charlotte, Monika, Beisser, Oma und Opa. Von den vielen Filialen in der Stadt seien hier zwei genannt: Gaststraße 11 • Tel.: (04 41) 1 27 30 • Mo.–Fr. 7.30–19 Uhr, Sa. 7.30–18 Uhr und die mit einer publikumsoffenen Kekserei gleich bei der Kirche St. Lamberti am Kasinoplatz 7 • Tel.: (04 41) 2 05 67 64 • Mo.–Fr. 7–19 Uhr, Sa. 7–18 Uhr, So. 7.30–12 Uhr • www.baeckereijanssen.de •

30 Feinkost Ripken Der gute alte, echte Tante-Emma-Laden im Dobbenviertel. Urig! So was ist hierzulande inzwischen Touristenattraktion. Wer die Stufen in den Laden nicht hinabsteigen kann, der drückt dem Chef an der Tür einfach seinen Einkaufszettel in die Hand. Hindenburgstraße 13 • Tel.: (04 41) 7 60 68 • Mo./Di./Do. 6–17 Uhr, Mi./Fr./Sa. 6–12.30 Uhr, während der Sommerferien Mo.–Sa. 6–12.30 Uhr

31 Hülle & Fülle Vielerlei Feinkost, Wein, Kaffee, Tee und Spirituosen, eingefüllt in individuelle Flaschen aus zig Glasballons. Eine Fundgrube. Burgstraße 10 • Tel.: (04 41) 9 98 75 98 • Mo.–Fr. 10–18.30 Uhr, Sa. 10–18 Uhr •

32 Iss Fisch Direkt vom Kutter beliefert hier die Fischereigenossenschaft Fedderwardersiel. Und einen Fischimbiss gibt's auch. Bremer Heerstraße 141 • Tel.: (04 41) 20 94 69 68 • www.krabbenausfedsiel.de • Mo.–Fr. 8–19 Uhr, Sa. 8–15 Uhr •

33 Käse Friese Allerfeinstes Käsesortiment. Zur Mittagszeit kommt der Genuss in dem Feinkostgeschäft mitten in der Fußgängerzone auch aus der Küche. Gaststraße 23 • Tel.: (04 41) 2 59 97 • www.kaese-friese.de • Mo.–Fr. 8.30–19 Uhr, Sa. 8.30–17 Uhr

34 Monse Fleischfeinkosterei mit großer Auswahl im Herzen der Fußgängerzone. Und mittags gibt es die berühmte Erbsensuppe am Stehtisch, im Winter auch noch den Grünkohl. Samstags scheint die halbe Stadt hier zu speisen. Kurios: Bedient wird man nach der Nummer, die am Eingang zu ziehen ist. Mottenstraße 3–5 • Tel.: (04 41) 1 31 35 • www.fleischerei-monse.de • Mo.–Mi. 8–18.30 Uhr, Do./Fr. 8–19 Uhr, Sa. 8–18 Uhr •

35 Nölker & Nölker Eigenwilliges Geschäft mit selbst geröstetem Kaffee, unvorstellbar vielen Teesorten nebst Teezubehör sowie ausgesuchten Schokoladen und anderen Süßwaren, insbesondere auch die der Osnabrücker Konditorei Leysieffer. Außerdem gibt's ausgefallene Mode. Lange Straße 37 • Tel.: (04 41) 1 32 07 • www.noelker-noelker.de • Mo.–Do 9.30–18.30 Uhr, Fr. 9.30–19 Uhr, Sa. 9.30–18 Uhr •

36 Oldenburger Senfonie Kaltgemahlen hergestellt, verlockt hier allerlei köstlicher Senf. Donnerschweer Straße 127 • Tel.: (04 41) 2 04 91 04 •

www.senfonie.eu • Di.–Fr. 9.30–12.30/ 14–18 Uhr, Sa. 10–13 Uhr •

37 Orient Markt Maleky Angerührte Cremes, angemachte Salate, eingelegtes Gemüse sowie Trockenfrüchte und süße wie salzige, würzige Knabbereien. Dazu frisches Obst und Gemüse. Gaststraße 10 • Tel.: (04 41) 1 49 91 • Mo.–Fr. 9–18.30 Uhr, Sa. 9–16 Uhr •

38 Süßholz In diesem winzigen Ladenkleinod am Kaffee Hamburg gegenüber dem Rathaus gibt's Lakritze bis zum Abwinken. Markt 23 • Mo.–Sa. 10–18 Uhr

39 Sultan Erquickend, sich hier einmal quer durch die Theke zu probieren. Groß ist die Auswahl an selbst gemachten Salaten, eingelegten Gemüsen, Pilzen, diversen Käsen, allerlei Antipasti, Cremes, Dips, Saucen und Brot. Dazu Gemüse, Obst, Gewürze und mehr. Ein Laden wie im Urlaub. Ritterstraße 6 • Tel.: (04 41) 1 25 98 • Mo.–Fr. 8–19 Uhr, Sa. 8–18 Uhr •

40 Stadtbäckerei Neben dem hier aufgeführten Stammhaus hat die Stadtbäckerei in Stadt und Region etliche andere Filialen. Hier gedeiht bestes, in mehr als 100 Jahren gewachsenes Bäckerhandwerk, und wer will, kann sich sogar sein ganz persönliches, individuelles Brot backen lassen. Tannenstraße 31 • Tel.: (04 41) 2 17 07 30 • www.stadtbaeckerei-ol.de • Mo.–Fr. 7–18 Uhr Sa. 7–13 Uhr, So. 8–11 Uhr •

41 Tee & Schokolade Paul Schliemann Sogar vom Magazin „Der Feinschmecker" empfohlen, gibt es hier auserlesene Tees samt Zubehör, feinste Schokoladen und Pralinen sowie Weine. Kurwickstraße 8 • Tel.: (04 41) 1 77 82 • Mo.–Fr. 10–19 Uhr, Sa. 10–18 Uhr

Köstlich genug für die Feinschmecker-Empfehlung

42 Weinhaus Kottkamp Weit über 80 Jahre wird hier mit Wein gehandelt. Und auch wer Whisky schätzt und kennt, wird hier noch freudige Überraschungen erleben. Bei außergewöhnlichen Wünschen geht es in den Keller. Donnerschweer Straße 54 • Tel.: (04 41) 8 80 60 • www.weinhaus-kottkamp.de • Mo.–Fr. 9–13/14.30–18.30 Uhr, Sa. 9–14 Uhr •

43 Weinkontor Steden Gut sortiertes Weingeschäft mitten in der Stadt. Gaststraße 17 a • Tel.: (04 41) 21 77 99 77 • Mo.–Fr. 10–18.30 Uhr, Sa. 10–17 Uhr •

WOCHENMÄRKTE

44 Rathausmarkt an der Lambertikirche • 21.3.–20.9. Di./Do. 7–14.30 Uhr, Sa. 7–15 Uhr, 21.9.–20.3. Di./Do. 8–14.30 Uhr, Sa. 8–15 Uhr

45 Bauernmarkt Rathausmarkt an der Lambertikirche • Fr. 12–18 Uhr

46 Wochenmarkt am Pferdemarkt • 21.3.–20.9. Di./Do. 7–13.30 Uhr, Sa. 7–14 Uhr, 21.9.–20.3. Di./Do. 8–13.30 Uhr, Sa. 8–14 Uhr

GOLDSCHMIEDEN

47 Caren Lindhorst Burgstraße 3 • Tel.: (04 41) 2 19 72 19 • Mo.–Fr. 11–18 Uhr, Sa. 11–15 Uhr •

48 Feingold Burgstraße 31 • Tel.: (04 41) 35 07 99 99 • www.atelier-feingold.de • Di.–Fr. 10–15/16–18 Uhr, Sa. 10–14 Uhr •

49 D'OR Vielfach vom Magazin „Schmuck" in die TOP 100 des deutschsprachigen Raumes aufgenommen. Herbartgang • Tel.: (04 41) 1 21 92 • www.dor.de • Mo.–Fr. 10–18 Uhr, Sa. 10–16 Uhr •

50 Goldschmiede Mansholt Mottenstraße 5 • Tel.: (04 41) 9 60 88 80 • www.mansholt.de • Mo.–Fr. 9–18.30 Uhr, Sa. 10–16 Uhr •

51 TiTo Manufaktur Bergstraße 2 • Tel.: (04 41) 9 50 60 70 • www.tito-geschmeide.de • Mo. 12–18 Uhr, Di.–Fr. 10–18 Uhr, Sa. 10–16 Uhr

MODE UND STOFF

52 Bruns Männermode Freundliche, gut beratende Menschen unterstützen den Mann, sich im gut sortierten Modekaufhaus in das Richtige zu kleiden, die Markenvielfalt rauf und runter. Eine Filiale nahebei kümmert sich um alle mit Übergrößenbedarf. Haarenstraße 5–7 bzw. Lange Straße 60 • Tel.: (04 41) 21 86 70 • www.bruns-oldenburg.de • Mo.–Fr. 10–19 Uhr, Sa. 10–18/Adventsamstage 10–19 Uhr •

53 Die Form Damenmode/Herrenmode Sich bei guter Beratung nach nicht alltäglichen Marken umschauen und zwischendurch auch mal kickern, das geht hier. Im Männerladen jedenfalls. Gleich nebenan im Damengeschäft ist solches Spielzeug nicht nötig. Haarenstraße 32 • Tel.: (04 41) 2 19 09 51 • Haarenstraße 32/33 • Tel.: (04 41) 2 19 09 32 (Damen) und 2 19 09 32 (Herren) • www.die-form.de • Mo.–Fr. 10–19 Uhr, Sa. 10–18 Uhr •

54 Guaran Tweed Irish Landhausmode von irischen Topdesignern. Für Damen und Herren. Bergstraße 6 • Tel.:

(04 41) 2 48 86 96 • Mo.–Fr. 10–13.30/ 14.30–18 Uhr, Sa. 10–15 Uhr •

55 Innis Laden Secondhandmode zum Stöbern. Roggemannstraße 29 • Tel.: (04 41) 7 73 45 • secondhand-innis-oldenburg.heise-webanzeige.de • Mo.–Fr. 9.30–12.30/15–18 Uhr, Sa. 10–13 Uhr

56 Isensee Mode In diesem Teil des Familienunternehmens gibt es eine ausgesuchte Auswahl für kleine wie größere Kinder: Babyspielzeug, Kinderkleidung und mehr. Haarenstraße 20 • Tel.: (04 41) 36 14 24 20 • www.isensee.de • Mo.–Fr. 9.30–19 Uhr, Sa. 9.30–18 Uhr •

57 Kaffee und Kleid Beim Bummeln ist gut Kaffee trinken, speisen und klönen. Dafür müssen die Frauen dieses Geschäft gar nicht verlassen. Das erfrischende Modesortiment dürfen aber auch Männer (mit) in Augenschein nehmen. Kurwickstraße 6 • Tel.: (04 41) 35 09 13 30 • www.kaffee-und-kleid.de • Mo.–Fr. 10–18.30 Uhr, Sa. 10–18 Uhr •

58 Leffers In diesem Top-Kaufhaus keine passende Mode zu finden, das dürfte schwer sein. Am besten, man bringt sich etwas Zeit mit, um die in frischer, klarer Architektur geräumig sortierten Mode-Stockwerke zu durchstöbern. Die Zeit zu verkürzen, dafür stünde allerdings jederzeit freundliches und hilfreiches Verkaufspersonal bereit. Wer verschnaufen oder überlegen will, in welche Markenwelten es gehen soll, kann das in einem netten Café mit Blick in die Innenstadt tun. Lange Straße 80 • Tel.: (04 41) 9 22 60 • www.oldenburg.leffers.de • Mo.–Sa. 10–19 Uhr •

59 Longin Mode & Kunst Versteckt hinter der Bäckerei Janssen im Nikolaigang liegt dieser sympathisch individuelle Laden, der Mode zum Anziehen, Hüte, Schmuck und Kunst offeriert. Gaststraße 11 • Tel.: (04 41) 1 70 29 • www.longin-oldenburg.de • Mo.–Fr. 10–18.30 Uhr, Sa. 10–16 Uhr •

60 MEYBUSCH Modehaus Internationales Topdesign für die Frau. Achternstraße 37 • Tel.: (04 41) 2 70 71 • www.meybusch.de • Mo.–Fr. 9.30–19 Uhr, Sa. 9.30–18 Uhr

61 Nölker & Nölker/Oilily and friends Farbige, muntere, hochwertige Damenmode. Mottenstraße 2 • Tel.: (04 41) 1 32 07 • www.oilily-and-friends.de • Mo.–Fr. 10–18.30 Uhr, Sa. 10–18 Uhr •

62 Second Hand Anziehbar Wer's nicht neu braucht, findet hier sogar noch die 60er- oder 70er-Jahre. Ziegelhofstraße 11 • Tel.: (04 41) 8 11 78 • Mo.–Fr. 11–13/14.30–18 Uhr, Sa. 11–14 Uhr •

63 Stilvoll Women Netter kleiner Laden mit guten Labels. Röcke, Hosen, Kostüme, Taschen, Stiefel, Mützen und mehr. Gaststraße 28 • Tel.: (04 41) 9 25 99 16 • Mo.–Fr. 10–18.30 Uhr, Sa. 10–18 Uhr •

64 Strandrausch Coole Labels für Damen und Herren – und im hauseigenen Outlet „Strandgut" schräg gegenüber gibt's Stücke aus dem gleichem Sortiment auch für kleineres Geld. Gaststraße 22 • Tel.: (04 41) 2 55 15 • Mo.–Fr. 10–18 Uhr, Sa. 10–14 Uhr •

65 du Nord Exklusive internationale Marken. Herbartgang 16 • Tel.: (04 41)

Was der Skater so braucht

1 73 75 • www.du-nord.com • Mo.–Mi. 10–18.30 Uhr, Do./Fr. 10–19 Uhr, Sa. 10–18 Uhr •

66 Zartbitter Mut zum individuellen Angebot frischer, junger Modelabels im Lambertihof. Markt 22 • Tel.: (04 41) 2 19 73 64 • www.zartbitter-ol.de • Mo.–Fr. 10–19 Uhr, Sa 10–18 Uhr •

67 Windau Das alteingesessene Fachgeschäft für Selbermacher. Mit einer riesigen Auswahl an Modestoffen, Dekostoffen, Baumwollstoffen, Möbelstoffen, Wolle und Kurzwaren. Staustraße 8 • Tel.: (04 41) 1 73 74 • Mo.–Fr. 9.30–18 Uhr, Sa. 9.30–17 Uhr •

SCHNELLE HILFE

68 Malis Änderungsschneiderei Super nett, hilfsbereit, genau und schnell – auch bei plötzlichen Maleschen mit Rucksack, Portemonnaie und so weiter. Damm 33 • Tel.: (04 41) 1 33 78 • Mo.–Fr. 9–13/14–18 Uhr, Sa. 9–13 Uhr •

SCHUHE

69 eins-a Schuhmacherei Simme Hier am Schloßplatz herrscht Handwerk. Wer will, bekommt das Paar Schuhe fürs Leben. Schloßplatz 24 • Tel.: (04 41) 1 20 16 • www.eins-a-schuhe.de • Mo.–Fr. 9–18 Uhr, Sa. 9–14 Uhr

70 Gaspers Edle Männerspielzeuge exklusiver Marken. Bergstraße 4 • Tel.: (04 41) 99 87 38 38 • www.gaspers-oldenburg.de • Di.–Fr. 10–18.30 Uhr, Sa. 9–16 Uhr

71 Schuhmachermeister Hasenheit In alter Familientradition blüht das Schuhmacherhandwerk, von der Sohle bis zum ganzen Schuh. Und wer es mit seinem Rollstuhl nicht hinein ins Geschäft schafft, ruft einfach an, und es wird geholfen. Bürgereschstraße 59 • Tel.: (0441) 82869 • www.schuhmachermeisterhasenheit.de • Mo.–Fr. 9–13/15–18 Uhr

72 Kosy-Schuhe Übergrößen, Untergrößen, lose Einlagen, unterschiedliche Weiten: Hierher kommen Menschen mit exklusiveren Füßen auch von weiter weg. Gaststraße 9 • Tel.: (0441) 14739 • Mo.–Mi. 9.30–18.30 Uhr, Do./Fr. 9.30–19 Uhr, Sa. 10–17 Uhr •

73 Lollipop Kinderschuhe Der Kinderladen von Schuh Schütte (siehe unten). Haarenstraße 18 • Tel.: (0441) 2184433 •

74 Schuh Schütte Modische Trends, Klassiker und Designerware für Damen wie Herren. Haarenstraße 44 • Tel.: (0441) 218440 • www.schuette-schuhe.de • Mo.–Fr. 9.30–19 Uhr, Sa. 9.30–18 Uhr •

75 Zumnorde Gute Marken, auch Topdesigner, im Preissegment von mittel bis gehoben. Achternstraße 3 • Tel.: (0441) 925970 • www.zumnorde.de • Mo.–Sa. 10–19 Uhr •

SPORT UND OUTDOOR

76 dogtown skateshop Skateboards, Schuhe, Textilien. Heiligengeistwall 2 • Tel.: (0441) 2197183 • www.dogtown-skateshop.de • Mo.–Fr. 10–19 Uhr, Sa. 10–20 Uhr •

77 Sport Reckemeier Sportschuhe aller Art sowie die dazu passenden Textilien. Gaststraße 26 • Tel.: (0441) 13110 • www.reckemeier.de • Mo.–Fr. 10–18 Uhr, Sa. 10–16 Uhr, im Advent 10–18 Uhr •

78 Biwak Was man so braucht für die Bewegung und den Aufenthalt draußen, nachts wie tags. Heiligengeisstraße 24 • Tel.: (0441) 26422 • www.biwak.de • Mo.–Fr. 10–18.30 Uhr, Sa. 10–18 Uhr •

79 Unterwegs Ausrüstung, Kleidung, Schuhwerk, alles für das Reisen. Gaststraße 27 • Tel.: (0441) 9987666 • www.unterwegs.biz • Mo.–Fr. 9.30–19 Uhr, Sa. 9.30–18 Uhr •

altera
Hotel
Restaurant
Herbartgang

ÜBERNACHTUNG

Man könnte nicht sagen, Oldenburg hätte überbordend viele Hotels und andere Übernachtungs-Angebote, aber was da ist, hat sich gastfreundlich etabliert. Und dazugekommen sind in den vergangenen Jahren einige Adressen mit Charakter und Klasse. Ein Vorzug fast aller Häuser: Die Wege zu den Anziehungspunkten der Stadt sind zumeist nicht weit.

GEHOBEN BIS LUXURIÖS

1 altera Hotel (DZ ab 124 €) Mitten in der Stadt direkt an der Fußgängerzone. 56 modern und gradlinig designte Zimmer, davon 8 EZ, 33 DZ, 15 Suiten; Fitness, Sauna, Konferenzräume, WLAN, Parkhaus Waffenplatz, Wäscheservice, Haustiere erlaubt, prämierte Gourmet-Küche, Bar, Mittagstisch in der Genussmanufaktur, zu warmen Jahreszeiten mit netter Terrasse am Waffenplatz, klasse Service. Einziges 4-Sterne-Haus der Stadt. Herbartgang 23 • Tel.: (0441) 219080 • www.altera-hotels.de

2 Acara Hotel (DZ ab 119 €) Unweit der Fußgängerzone. 62 Zimmer, davon 2 EZ, 54 EZ od. DZ, 6 Suiten; Konferenzräume, Saal, direkter Zugang zu Fitness- und Wellnesslandschaft, WLAN, Tiefgarage, Wäscheservice, Frühstücksraum mit Blick über die Stadt, Bar. Am Stadtmuseum 12 • Tel.: (0441) 20550 • www.acara-hotel.de •

◀ Das moderne altera Hotel im Herbartgang

KOMFORTABLE MITTELKLASSE

3 BEST WESTERN Hotel Heide (DZ ab 104 €) Sehr gut für Geschäftsreisende im Stadtnorden unweit der A 293. 89 Zimmer, davon 38 EZ, 49 DZ, 2 Suiten; Sauna, Schwimmbad, Konferenzräume, Saal, WLAN, Tiefgarage, Parkplatz, Wäscheservice, Haustiere erlaubt, Restaurant, Bar. Melkbrink 49–52 • Tel.: (0441) 8040 • www.hotel-heide.de •

4 City Club Hotel Oldenburg (DZ ab 104 €) Mit dem Charme der 80er-Jahre direkt am Messe- und Veranstaltungszentrum Weser-Ems-Halle. 86 Zimmer (EZ od. DZ), 2 Suiten; Sauna, Schwimmbad, Konferenzräume, Saal, WLAN, Parkplatz, Wäscheservice, Haustiere erlaubt, Restaurant, Bar. Europaplatz 4–6 • Tel.: (0441) 8080 • www.cityclubhotel.de •

5 Hermes Hotel (DZ ab 105 €) All-inclusive-Hotel gleich beim Hauptbahnhof. Witzig: Man partizipiert am hoteleigenen Lottospiel für die Zeit, die man da ist. 50 Zimmer, davon

40 EZ, 5 DZ, 5 Suiten; Sauna, Konferenzräume, WLAN, Haustiere erlaubt, Parkplatz. Ankerstraße 19 • Tel.: (04 41) 77 93 90 • www.hermes-hotel-oldenburg.de •

6 Hotel Antares (DZ ab 94 €) Zentral zwischen Bahnhof und Fußgängerzone. 44 Zimmer als DZ oder EZ, 6 Suiten; Sauna, WLAN, Wäscheservice, Haustiere auf Anfrage, Parkplatz. Staugraben 8 • Tel.: (04 41) 9 22 50 • www.antares-hotel.info •

7 Hotel Bavaria (DZ ab 85 €) Im Stadtsüden verkehrsgünstig an der A 28. 40 Zimmer (EZ od. DZ); Kegelbahn, Sauna, Konferenzräume, WLAN, Parkplatz, Wäscheservice, Haustiere erlaubt, Restaurant, Bar. Bremer Heerstraße 196 • Tel.: (04 41) 20 67 00 • www.hotel-bavaria-ol.de

8 Hotel Etzhorner Krug (DZ ab 110 €) Im Stadtnorden im Grünen, gut für Naturliebhaber, die gerne auf Fahrradtour gehen. 33 Zimmer, davon 6 EZ und 27 DZ; Konferenzräume, Saal, WLAN, Shuttle-Service, Parkplatz, Wäscheservice, Haustiere erlaubt, prima Restaurant, Bar. Butjadinger Straße 341 • Tel.: (04 41) 3 61 67 00 • www.etzhornerkrug.de •

9 Hotel SPRENZ (DZ ab 94 €) Zentral nah beim Pferdemarkt, modern, teils stylisch eingerichtete Zimmer. 54 Zimmer, davon 9 EZ, 42 DZ, 3 Suiten; WLAN, Parkplatz, Bar. Heiligengeiststraße 15 • Tel.: (04 41) 8 00 88 80 • www.hotel-sprenz.de

10 Hotel Wieting (DZ ab 96 €) Traditionsreich und familiengeführt, just modernisiert und renoviert, zentral, unweit des Küstenkanals. 63 Zimmer, davon 24 EZ, 36 DZ, 3 Junior-Suiten; Konferenzräume, WLAN, Tiefgarage, Parkplatz, Haustiere erlaubt, Restaurant, Bar. Damm 29 • Tel.: (04 41) 9 24 00 • www.hotel-wieting.de •

PREISWERT

11 Bed and Breakfast Lüders (DZ ab 60 €, bei nur einer Übernachtung 65 €) Mit hübschen Zimmern direkt am Schlossgarten. 5 Zimmer, davon 2 EZ, 3 DZ; WLAN. Wäscheservice, Fahrradverleih. Am Schlossgarten 23 • Tel.: (04 41) 50 29 75 • www.zimmer-am-schlossgarten.de

12 Boarding House Oldenburg (DZ ab 56 €) Zentral gelegen, moderne, gepflegte schlichte Zimmer mit Miniküche. 9 Zimmer, davon 3 EZ, 6 DZ; WLAN, Parkplatz. Lindenstraße 7 • Tel.: (04 41) 8 70 16 • www.boardinghouse-oldenburg.de •

13 Hotel Heinemann (DZ ab 78 €) Im Stadtsüden nah dem Klinikum Oldenburg. 22 Zimmer, davon 2 EZ, 19 DZ, 1 MBZ; Kegelbahn, Saal, Konferenzräume, WLAN, Parkplatz, Restaurant, Bar. Klingenbergstraße 51 • Tel.: (04 41) 94 41 10 • www.hotelheinemann.de

14 Hotel Alexander (DZ ab 69 €) Nah an der A 293 im Stadtnorden. 61 Zimmer, davon 11 EZ, 49 DZ, 1 Suite; Sauna, Konferenzräume, WLAN, Tiefgarage, Parkplatz, Wäscheservice, Haustiere erlaubt, Fahrradverleih, Restaurant, Bar. Alexanderstraße 107 • Tel.: (04 41) 9 80 20 • www.alexander-hotel.info

15 Hotel Wöbken (DZ ab 75 €) Traditionshaus seit mehr als 155 Jahren im grünen Stadtsüden zwischen Hunte und Kanal. 12 Zimmer, davon 4 EZ, 8 DZ; Kegelbahn, Saal, Parkplatz, Fahrradverleih, Haustiere erlaubt. Hundsmühler Straße 255 • Tel.: (04 41) 95 57 70 • www.hotelwoebken.de

16 **Jugendherberge Oldenburg** (DZ ab 56 € für Personen unter 26 Jahren, 64 € ab 26, Mitgliedschaft im Jugendherbergswerk ist Voraussetzung, geht bei der Buchung). Innenstadtnah, schlicht und gut, besonders auch für Familien. 24 Zimmer, davon 5 DZ, 19 MBZ; WLAN. Alexanderstraße 65 • Tel.: (04 41) 8 71 35 • www.oldenburg.jugendherbergen-nordwesten.de

DAS BESONDERE

17 **Hotel Tafelfreuden** (DZ ab 94 €) Farbig charmante, sehr individuell eingerichtete Zimmer, die wirken wie liebevoll selbst gemacht. 8 Zimmer, davon 2 EZ, 5 DZ, 1 MBZ; Konferenzraum, Saal, WLAN, Parkplatz, Wäscheservice, Haustiere erlaubt, gut zu speisen ist im zertifizierten Biorestaurant, Bar. Alexanderstraße 23 • Tel.: (04 41) 8 32 27 • www.tafelfreuden-hotel.de

18 **Rosenbohm Designhotel** (DZ ab 135 €) Im Zentrum unweit der Fußgängerzone. 8 Zimmer, davon 7 DZ, 1 EZ; Luxuriöse, sehr schöne, individuelle und durchgestylte Ausstattung. Pferdemarkt 7 • Tel.: (04 41) 80 06 34 44 • www.rosenbohm-designhotel.de

CAMPING UND WOHNMOBIL

19 **Campingplatz Flötenteich** Innerstädtisch 100 Stellplätze für Zelte, 8 für Wohnmobile. Mühlenhofsweg 80 • Tel.: (04 41) 3 28 28 • www.campingplatz-oldenburg.de

20 **Wohnmobilstellplatz Hymer-Zentrum Nord-West** 10 Wohnmobilstellplätze am Stadtrand. Wilhelmshavener Heerstraße 323 • Tel.: (04 41) 9 39 68 88

21 **Wohnmobilstellplatz Am Küstenkanal** Gleich beim Olantis Huntebad gibt es fünf schön gelegene Wohnmobilstellplätze ohne Ver- und Entsorgungseinrichtungen. Zwei Plätze unter der Autobahnbrücke sind von der A 28 über die Abfahrt Marschweg zu erreichen, drei über den Westfalendamm • Tel.: (04 41) 3 61 31 60

ZIMMERVERMITTLUNG

Bei der Tourist-Information Oldenburg gibt's Beratung und Vermittlung für die Wahl der richtigen Unterkunft. Schloßplatz 16 • Tel.: (04 41) 36 16 13 66 • www.oldenburg-tourist.de • Mo.–Fr. 9.30–18 Uhr, Sa. 9.30–16 Uhr •

KULTUR UND FREIZEIT

In sechs Oldenburger Museen und Ausstellungshäusern gilt die Oldenburger Museumskarte. Für den sehr günstigen Preis von 6 Euro erhält ihr Besitzer an drei aufeinanderfolgenden Tagen Einlass in die Dauerausstellungen des Landesmuseums für Kunst und Kulturgeschichte, des Landesmuseums Natur und Mensch, des Stadtmuseums, des Horst-Janssen-Museums, des Edith-Ruß-Hauses und des Oldenburger Kunstvereins. Auf der Oldenburger Museumskarte sind alle Kontaktdaten der beteiligten Museen sowie die Öffnungszeiten verzeichnet. Sie ist bei der Touristinfo am Schloßplatz sowie in den beteiligten Häusern zu bekommen.

MUSEEN UND SAMMLUNGEN

1 Landesmuseum für Kunst und Kulturgeschichte Oldenburg Zum Landesmuseum für Kunst und Kulturgeschichte gehören das Oldenburger Schloss, das Augusteum und das Prinzenpalais. Im Schloss befinden sich neben den fürstlichen Repräsentationsräumen eine Ausstellung zur oldenburgischen Landesgeschichte und die kunsthandwerkliche Abteilung. Architekturmodelle stellen die Entwicklung der Oldenburg zum Oldenburger Schloss dar. Im Augusteum sind Gemälde alter Meister ausgestellt, die Kunst der neuen Meister ist im Prinzenpalais zu sehen. Das Museum richtet regelmäßig Sonderausstellungen aus. Damm 1 • Elisabethstraße 1 • Schloßplatz • Tel.: (0441) 2207300 • www.landesmuseum-oldenburg.niedersachsen.de • Di.–So. 10–18 Uhr •

◀ So etwas gibt es nur in Oldenburg: der Hörgarten

2 Landesmuseum Natur und Mensch Oldenburg Das Museum besitzt naturkundliche, archäologische und ethnologische Sammlungen. In der Dauerausstellung wird das Oldenburger Land in seiner naturräumlichen Gliederung in Küste, Marsch, Moor und Geest präsentiert. Dabei sind archäologische Zeugnisse und naturkundliche Exponate nach einem ganzheitlichen Konzept in einer modernen Ausstellungsarchitektur zusammengefasst. Zum Programm des Museums gehören wechselnde Sonderausstellungen. Damm 38–44 • (0441) 9244300 • www.naturundmensch.de • Di.–Fr. 9–17 Uhr, Sa.–So. 10–18 Uhr •

3 Stadtmuseum Oldenburg Hervorgegangen aus der Stiftung des Oldenburger Bürgers Theodor Francksen, der der Stadt Oldenburg zwei Villen und seine umfangreichen Kunstsammlungen hinterlassen hat, bietet der Kern des Museums einen Einblick in die großbürgerliche Welt um 1900. Ergänzt wird die Dauerausstellung durch die Bernhard-Winter-Stiftung mit zahlreichen Gemälden aus dem Nachlass des „Porträtisten des Oldenburger Bürgertums" sowie die stadtgeschichtliche Abteilung. Hier machen sechs große Stadtmodelle die Entwicklung Oldenburgs vom Mittelalter bis ins 19. Jh. plastisch erlebbar. Sonderausstellungen runden das Angebot des Stadtmuseums ab. Am Stadtmuseum 4–8 • Tel.: (04 41) 2 35 28 86 • www.stadtmuseum-oldenburg.de • Di.–So. 10–18 Uhr •

4 Horst-Janssen-Museum Der Hamburger Zeichner und Grafiker Horst Janssen ist in Oldenburg aufgewachsen und liegt auch hier begraben. Das Museum ist seinem Werk sowie der grafischen Kunst gewidmet. Die Arbeiten Janssens in der Dauerausstellung werden regelmäßig ausgewechselt. Sonderausstellungen gelten dem Wirken Horst Janssens unter verschiedenen Aspekten sowie anderen international bedeutenden Grafikern und Zeichnern. Am Stadtmuseum 4–8 • Tel.: (04 41) 2 35 28 91 • www.horst-janssen-museum.de • Di.–So. 10–18 Uhr •

5 Edith-Ruß-Haus für Medienkunst Das Edith-Ruß-Haus geht auf eine Stiftung der gleichnamigen Lehrerin zurück. Sonderausstellungen und Veranstaltungen zur Medienkunst bieten die Möglichkeit, diese neue und moderne Kunstgattung kennenzulernen. Katharinenstraße 23 • Tel.: (04 41) 2 35 32 08 • www.edith-russ-haus.de • Di.–Fr. 14–18 Uhr, Sa.–So. 11–18 Uhr •

6 Oldenburger Kunstverein Das Ausstellungsprogramm des Oldenburger Kunstvereins ist der zeitgenössischen Kunst gewidmet. Ferner veranstaltet der Verein, der zu den ältesten Kunstvereinen Deutschlands gehört, Lesungen und musikalische Darbietungen. Damm 2 a • Tel.: (04 41) 2 71 09 • www.kunstverein-oldenburg.de • Di.–Fr. 14–17 Uhr, Sa./So. 11–17 Uhr •

7 Oldenburger Computermuseum Das Museum präsentiert Klassiker des Homecomputers aus den Jahren 1977 bis 1987. Unter den ausgestellten Computern sind zwanzig betriebsbereit und können ausprobiert werden. Neue Straße 2 • www.computermuseum-oldenburg.de • Di. 17–21 Uhr, jeden 2. und 4. Sa. 12–16 Uhr •

8 Schlaues Haus Im Jahr 2009 war Oldenburg „Stadt der Wissenschaft". Im Schlauen Haus wird das Konzept des Wissenschaftsjahres 2009 fortgeführt, wissenschaftliche Forschung auf unterhaltsame Weise zu präsentieren. Außerdem ist hier die Touristinfo untergebracht. Schloßplatz 16 • Tel.: (04 41) 36 16 13 66 • www.oldenburg-tourist.de • Mo.–Fr. 9.30–18 Uhr, Sa. 9.30–16 Uhr •

9 Botanischer Garten Gegründet als botanischer Lehrgarten des Oldenburger Lehrerseminars, gehört der botanische Garten heute zur Universität Oldenburg. Zu sehen sind hier im Freien und in Schaugewächshäusern einheimische und exotische Pflanzenarten. Außerdem werden im Garten einige Tiere gehalten, vor allem Vögel.

Philosophenweg 39/41 • Tel.: (0441) 77 76 54 • www.botgarten.uni-oldenburg.de • Nov.–Jan. Mo.–Fr. 8–16 Uhr, Sa./So. 10–16 Uhr, Febr. Mo.–Fr. 8–17 Uhr, Sa./So. 10–17 Uhr, März/Okt. Mo.–Fr. 8–18 Uhr, Sa./So. 10–18 Uhr, April/Sept. Mo.–Fr. 8–19 Uhr, Sa./So. 10–19 Uhr, Mai–Aug. Mo.–Fr. 8–20 Uhr, Sa./So. 10–20 Uhr •

10 Hörgarten Oldenburg Die Hörforschung spielt in Oldenburg eine wichtige Rolle. Beim „Haus des Hörens" ist der Hörgarten angelegt worden, der das Thema „Hören" anhand von zehn Exponaten erfahrbar und erlebbar macht. Marie-Curie-Straße 2 • Tel.: (0441) 2 17 23 00 • www.hoergarten.de • Mo.–So. 9–18 Uhr •

KONZERT, THEATER, KLEINKUNST

11 Oldenburgisches Staatstheater Das Sechsspartenhaus mit Musiktheater, Schauspiel, Tanz, Kinder- und Jugendtheater, Niederdeutschem Theater und Konzerten wird weit über die Stadtgrenzen Oldenburgs hinaus sehr positiv angenommen. Es verfügt über verschiedene Spielstätten. Neben dem Großen und dem Kleinen Haus sowie dem Spielraum am Stammplatz am Theaterwall nutzt das Theater auch die Exerzierhalle am Pferdemarkt. Ein architektonisches Kleinod ist der Altbau des Staatstheaters mit dem Großen Haus von 1891 bis 1893. Der Zuschauerraum mit seinen drei Rängen ist prachtvoll im Neorokokostil ausgestattet. Theaterwall 28 • Tel.: (0441) 2 22 52 21 • www.staatstheater.de •

12 Kulturetage Als soziokulturelles Zentrum bietet die Oldenburger Kulturetage Theateraufführungen, Konzerte, Lesungen und Filmvorführungen. Neben Auftritten auswärtiger Künstler werden auch eigene Produktionen erarbeitet. Außerdem gibt es Kunstausstellungen. Aber auch Partys werden in der Kulturetage gefeiert. Bahnhofstraße 11 • Tel.: (0441) 9 24 80 0 • www.kulturetage.de •

13 Theater Laboratorium Längst kein Geheimtipp mehr ist das Figurentheater „Theater Laboratorium". Die Stücke, bei denen Schauspieler zusammen mit Figuren agieren, begeistern das Publikum. Nach Anfängen in einer Holzbaracke ist das außergewöhnliche Theater, das von einem Verein getragen wird, mittlerweile in eine größere Spielstätte umgezogen. Neben den Theaterstücken gibt es auch Lesungen und Konzerte. Kleine Straße 8 • Tel.: (0441) 1 64 64 • www.theater-laboratorium.de •

14 Theater Hof/19 Als freies Theater bietet das Theater Hof/19 klassische und moderne sowie selbst entwickelte Stücke. Darüber hinaus gibt es hier regelmäßig Gastspiele zu sehen. Bitte vorher anrufen! Bahnhofstraße 19 • Tel.: (0441) 9 55 56 01 • www.theaterhof19.de •

15 Kleinkunstbühne UNIKUM Das UNIKUM ist die Bühne des Studentenwerks Oldenburg. Während der Vorlesungszeit werden hier musikalische Darbietungen, Kabarett und Kleinkunst geboten. Bitte vorher anrufen! Uhlhornsweg 49–55 • Tel.: (0441) 7 98 26 58 • www.studentenwerk-oldenburg.de •

16 theater wrede Das „theater wrede" ist ein modernes und fortschrittliches, international vernetztes Theater.

Experimentierfreudigkeit garantiert neuartige Theatererlebnisse. So kommen bei den Aufführungen neue Medien zum Einsatz, die sie zu einem Gesamterlebnis werden lassen. Klävemannstraße 16 • Tel.: (0441) 9572022 • www.theaterwrede.de •

17 Weser-Ems-Halle Das Messe- und Veranstaltungszentrum Oldenburgs, das auf jeden Fall genügend Platz bietet für Großereignisse aller Art. Dem Hallenkomplex ist auch die architektonisch interessante EWE ARENA angeschlossen. Auf dem Freigelände neben der Weser-Ems-Halle findet jährlich der Oldenburger Kramermarkt statt. Europaplatz 12 • Tel.: (0441) 80030 • www.weser-ems-halle.de •

18 Kulturzentrum PFL Im PFL, dem Kulturzentrum der Stadt Oldenburg, finden regelmäßig Lesungen, Vorträge und Konzerte und mehr verschiedener Veranstalter statt. Hier ist auch die Hauptstelle der Stadtbücherei untergebracht. Peterstraße 3 • Tel.: (0441) 2353061 • www.oldenburg.de •

19 Wilhelm 13 Musik- und Literaturhaus Das „Wilhelm 13" nutzen verschiedene Kulturinitiativen und bieten hier ein breit gefächertes Programm. Jazz, Weltmusik, Klassik sowie das hervorragende Programm des Oldenburger Literaturbüros mit kreativen Lesungen, Poetry Slam, Literaturgesprächen und vielem mehr sind hier zu erleben. Wilhelmstraße 13 • www.wilhelm13.de •

20 Staublau // Kreativraum Malkurse, Fotografie, Ausstellungen, Lesungen, Theater und mehr wird im „Staublau" geboten. Staugraben 9 • www.staublau.de

21 Kulturzentrum Ofenerdiek Das wechselnde Programmangebot aus Musik, Theater, Kabarett, Lesungen, Vorträgen, Partys und mehr macht das Kulturzentrum zum kulturellen Zentrum des Stadtteils Ofenerdiek im Stadtnorden. Weißenmoorstraße 289 • Tel.: (0441) 608975 • www.kulturzentrum-ofenerdiek.de •

22 Oldenburger Promenade Ein Musikfestival der besonderen Art ist die „Oldenburger Promenade", die jährlich im Sommer stattfindet. Der Veranstaltungsreigen, der schwerpunktmäßig im und beim Oldenburger Schloss stattfindet, bietet Klassik, Jazz und Weltmusik und auch Kinderpromenaden. Gartenstraße 7 • Tel.: (0441) 59490222 • www.oldenburger-promenade.de

KINO

23 Casablanca Mehrfach prämiertes Programmkino mit drei Kinosälen. Besondere Angebote sind etwa das Kinderkino und das Kaffee-Kuchen-Kino. Johannisstraße 17 • Tel.: (0441) 884757 • www.casablanca.de •

24 Cinemaxx Großkino mit acht sehwie sitzfreundlichen Kinosälen und modernster Technikausstattung. Stau 79–85 • Tel.: (0441) 2177222 • www.cinemaxx.de •

LIVEMUSIK UND TANZLOKALE

25 Alhambra Autonomes Aktions- und Kommunikationszentrum. Hermannstraße 83 • Tel.: (04 41) 1 44 02 • www.alhambra.de •

26 **Amadeus Tanzspeicher** Disco, Mottopartys. Mottenstraße 21 • Tel.: (04 41) 2 63 46 • www.amadeus-ol.de

27 **César** Disco, Singlepartys. Baumgartenstraße 3 • Tel.: (04 41) 36 16 77 04

28 **Loft** Restaurant und Disco. Baumgartenstraße 2 • Tel.: (04 41) 2 18 26 60

29 **Metro** Tanzen, trinken, feiern auf drei Ebenen. Die Oldenburger Disco, die am längsten unter ein und demselben Namen besteht. Achternstraße 18 • Tel.: (04 41) 1 64 77 • www.metro-oldenburg.de

30 **Polyester Klub** Alternative Kultur, wöchentlich internationale Konzerte, Disco, Gesellschaftsspiele, Kicker. Am Stadtmuseum 15 • www.polyester-klub.de • www.myspace.com/polyester5000 • Mi.–Do. 20–2 Uhr, Fr.– Sa. 21–3 Uhr, So. 19–2 Uhr

GALERIEN

31 **BBK Oldenburg** Die Galerie des Bundes bildender Künstlerinnen und Künstler Oldenburg zeigt regelmäßig Ausstellungen mit zeitgenössischer Kunst. Peterstraße 1 • Tel.: (04 41) 2 52 80 • www.bbk-oldenburg.de • Di.–Do. 14–17 Uhr, bei Ausstellungen auch So. 11–14 Uhr

32 **Galerie Kunstück** Verkaufsgalerie für zeitgenössische Kunst. Einzel- und thematische Ausstellungen, jährlich Skulpturensommer. Industriestraße 1 • Tel.: (04 41) 7 78 02 21 • www.kunstueck.com • Di.–Fr. 15–19 Uhr, Sa. 11–15 Uhr

33 **Galerie Lake** Von überregionaler Ausstrahlungskraft ist diese Verkaufsgalerie für zeitgenössische Kunst. Die frischen Einzel- und Gruppenausstellungen sind vom Feinsten. Ein echter Tipp für Entdecker. Herbartgang 17 • Tel.: (04 41) 9 98 78 20 • www.galerielake.de • Mo. 10–18 Uhr, Mi.–Fr. 10–18 Uhr, Sa. 10–16 Uhr •

KINDER UND JUGENDLICHE

34 **Abenteuerspielplatz Eversten** Pädagogisch betreuter Abenteuerspielplatz für Kinder von 6 bis 13 Jahren. Die Angebote reichen vom Baubereich über die Ponywiese bis hin zum Zaubergarten und Wasserbaubereich. Brandsweg 60 • (04 41) 59 21 71 • www.oldenburg.de • 2. Jan.–23. März/ 5. Nov.–21. Dez. 14–18 Uhr, übrige Schulzeit Mo.–Fr. 13–18.30 Uhr

35 **Cadillac – Zentrum für Jugendkultur** Kulturzentrum für Jugendliche der Stadt Oldenburg. Konzerte, Workshops, Kurse, Partys. Huntestraße 4 a • Tel.: (04 41) 2 35 38 00 • www.oldenburg.de •

SCHWIMMBÄDER

36 **OLantis Huntebad** Erlebnisbad mit Hallen- und Außenbereich, Großrutschen, Sauna und Gastronomie. Am Schloßgarten 15 • Tel.: (04 41) 3 61 31 60 • www.olantis.com • Mo.–Fr. 6.30–21 Uhr, Sa. 6.30–20 Uhr, So. 8–20 Uhr •

37 **Freibad am Flötenteich** Freibad mit benachbartem Campingplatz. Mühlenhofsweg 80 • Tel.: (04 41) 3 28 28 • Freibadsaison Mo.–Fr. 6.30–20 Uhr, Sa. 6.30–19 Uhr, So. 8–19 Uhr

SCHLAUES
HAUS_
OLDENBURG

INFORMATIONS-ABC

ANREISE

Mit dem Auto Oldenburg ist sehr gut zu erreichen über mehrere Abfahrten der Autobahn A 28, die in Niedersachsen West mit Ost zwischen Leer und Stuhr bei Bremen verbindet, sowie durch die vom Autobahndreieck Ahlhorner Heide nach Wilhelmshaven führende Jadelinie A 29; zusammen mit der A 293 bilden A 28 und A 29 einen Autobahnring um Oldenburg.

Mit der Bahn Oldenburg ist direkt zu erreichen auf den Strecken der Endstationen von Bad Zwischenahn, Bremen, Cottbus, Emden, Hannover, Hude, Osnabrück, Leipzig, Magdeburg, Norddeich (Mole), Rastede und Wilhelmshaven.

Mit dem Flugzeug Oldenburg ist am nächsten dran am Flughafen Bremen. Mietwagen sowie Taxis der Stadt bieten teils spezielle Tarife für die Transfers.

INFORMATION

Tourist-Information Oldenburg Hier gibt's Beratung, allerlei Tipps und Vermittlung für die Wahl der richtigen Unterkunft. Schloßplatz 16 • Tel.: (04 41) 36 16 13 66 • www.oldenburg-tourist.de • Mo.–Fr. 9.30–18 Uhr, Sa. 9.30–16 Uhr

◀ Innovativ: das Schlaue Haus

STADT OLDENBURG

Die Oldenburger Stadtverwaltung ist über die ganze Stadt verteilt. Mit Auskünften aller Art hilft telefonisch das ServiceCenter weiter. Zu erreichen ist es von Montag bis Freitag zwischen 7 und 18 Uhr unter Tel. (04 41) 2 35 44 44. Zu empfehlen ist außerdem der städtische Internetauftritt unter www.oldenburg.de, speziell für Kinder unter www.kinder.oldenburg.de.

FAHRRADVERLEIH

Fahrradzentrum Oldenburg Auch Reparatur und Verkauf. Bahnhofsplatz 14 • Tel.: (04 41) 2 18 82 50 • www.fahrradstation-oldenburg.de

MOBILITÄT

Hauptbahnhof Bahnhofsplatz • 358 Plätze Park & Rail • DB-Reisezentrum Mo.–Fr. 7–19 Uhr, Sa. 8–16 Uhr, So 9–18 Uhr

Nahverkehr VWG (Verkehr und Wasser GmbH) Infos, Fahrpläne, Tickets: Mobilitätszentrale am Lappan • Staulinie 1 • Tel.: (04 41) 9 36 61 49 • Mo.–Fr. 9–18 Uhr, Sa. 10–14 Uhr und im Info-Center am ZOB • Willy-Brandt-Platz 3 • Tel.: (04 41) 9 36 62 55 • Mo.–Fr. 7–18 Uhr, Sa. 9–13 Uhr • www.vwg.de

Weser-Ems-Bus Werrastraße 13 • Tel.: (04 41) 92 59 25 • www.weser-ems-bus.de • Mo. –Fr. 7–17 Uhr

Busbahnhof Der Zentrale Omnibusbahnhof (ZOB) befindet sich am Nordausgang des Hauptbahnhofes.

Parken Zahlreiche Parkhäuser und Parkplätze sind insbesondere in der Nähe des Wallrings um die Fußgängerzone herum sehr gut durch das Parkleitsystem der Stadt ausgeschildert.

Taxi Luftibus-Flughafentransfer, Tel.: (04 41) 8 11 14 • Die Schwarzen, Tel.: (04 41) 3 06 30 • Taxi Funkmietwagen, Tel.: (04 41) 8 11 11 und Tel.: (04 41) 4 40 00 • Taxiring, Tel.: (04 41) 22 55 • Weitere auf www.gelbeseiten.de/taxi/oldenburg

MEDIEN

City News Stadtmagazin • Tel.: (04 41) 21 71 50 • www.citynews24.de

Diabolo & MOX Stadtzeitung und Veranstaltungsmagazin • Tel.: (04 41) 21 83 50 • www.diabolo-mox.de

Hunte Report Wochenzeitung • Tel.: (04 41) 9 24 20 • www.huntereport.de

NDR Studio Oldenburg Tel.: (04 41) 9 70 50 • www.ndr.de

Nordwest-Zeitung Tageszeitung und Lokal-TV • Tel.: (04 41) 99 88 01 • www.nwzonline.de

oldenburg eins Lokalsender • Tel.: (04 41) 2 18 88-10 • www.oeins.de

Oldenburger Lokalteil Onlinemagazin • www.oldenburger-lokalteil.de

radio ffn – Studio Oldenburg Tel.: (04 41) 1 37 88 • www.ffn.de

Schlossallee Lifestylemagazin • www.schlossallee.com

Sonntagszeitung Wochenzeitung • Tel.: (04 41) 8 00 40 • www.die-sonntagszeitungen.de

BARRIEREFREIHEIT

Dieser Reiseführer weist durch seine Symbole auf einen barrierefreien Zugang hin. Die Symbolik beruht auf Selbstauskunft der Empfohlenen.
Bahnhof wie Busbahnhof sind barrierefrei, die Stadtbusse und ihre Haltestellen sind es ebenfalls, die Linien der Weser-Ems-Bus teilweise (bitte nachfragen). Spezialräder zum Ausleihen bietet die Fahrradzentrale an.

Barrierefreie öffentliche Toiletten Pferdemarkt (24 h) • City Center Oldenburg, Heiligengeiststraße 4–8 (9–20 Uhr) • Waffenplatz, Wallstraße 14 (24 h) • Hauptbahnhof (Mo.–Sa. 4–1.30 Uhr, So. 5–1.30 Uhr) – alle mit Euroschlüssel • Neues Rathaus/Bürgeramt, Pferdemarkt 14, Schlüssel an der Information (Mo.–Mi. 8–15.30 Uhr, Do. 8–18 Uhr, Fr. 8–12 Uhr) • Schlaues Haus, Schloßplatz 16 (Mo.–Fr. 9.30–18 Uhr, Sa. 9.30–16 Uhr).

BARRIEREFREIHEIT

- Gehbehinderte
- Rollstuhlfahrer

REGISTER

ORTSREGISTER

PERSONENREGISTER

DANKESCHÖN

Die Autoren und der Verlag bedanken sich bei all den freundlichen Menschen aus Oldenburg und Umgebung, die durch ihre Anregungen und Hinweise zu diesem Reiseführer beigetragen haben.

DIE AUTOREN

Marco Sagurna (geboren 1961 in Wiesbaden) lebt als Journalist und Autor in Hannover. Mehr als zehn Jahre lang arbeitete er als Redakteur bei niedersächsischen Tageszeitungen. In den Jahren 2007 bis 2010 leitete er das Pressebüro der Stadt Oldenburg.

Dr. Jörgen Welp (geboren 1963 in Oldenburg) lebt in Oldenburg. In Tübingen und Heidelberg studierte er Klassische Archäologie, Alte Geschichte sowie Vor-/Ur- und Frühgeschichte. Beruflich ist er bei der Oldenburgischen Landschaft für die Gästeführerfortbildung und den Bereich Kulturtourismus zuständig. Und selbst ist er ebenfalls als Gästeführer in Oldenburg wie in der Region unterwegs.

ABBILDUNGSNACHWEIS

Fotos: Hans-Jürgen Zietz, Oldenburg

S. 63: Fabian Speckmann

S. 98, 106, 118, 123, 127: Marco Sagurna

S. 100: Olaf Klee – Fotolia.com

S. 102: Oldenburg: Vogelschauplan von Osten, Kupferstich, 1647 (Merian, Matthäus), Quelle: Wikimedia Commons, Verwendung unter Gemeinfreiheit.

Der Verlag und die Autoren freuen sich über Ihre Hinweise:
info@mitteldeutscherverlag.de

Haftungsausschluss
Die Angaben in diesem Reiseführer wurden gewissenhaft überprüft. Für die Aktualität, Korrektheit und Vollständigkeit übernehmen die Autoren keine Haftung. Die Autoren distanzieren sich aus rechtlichen Gründen von allen Inhalten der aufgeführten Internetseiten. Auf aktuelle und zukünftige Gestaltung, die Inhalte oder Urheberschaft der angeführten Internetseiten haben die Autoren keinen Einfluss.

Redaktionsschluss: 15. Februar 2013

Karten: Kartographisches Büro Margot Engel (www.karten-graf.de)

Gesamtherstellung: Mitteldeutscher Verlag, Halle (Saale)

ISBN 978-3-95462-012-8

Printed in the EU